働くことは人生だ！
君たちはどう「はたらく」か？

AI時代の
「働き方」トランスフォーメーション

野口雄志 著

セルバ出版

はじめに

本書を手にしていただき、ありがとうございます。

あなたは、「働くこと」をいったいどのように理解していますか？

お金のために自分のできることをする。できること以外のことは頑張らない。

あるいは、上司や先輩から指示されたことを、そのまま行っていればよい。プライベートだって当然に大事。むしろ、そのほうが大事。つまり、「働くこと」だけが人生じゃない。

もしかして、そんな風に考えてはいませんか？

もちろん、そのような働き方も世の中には存在するでしょう。

ですが、「お金のため」「いわれたとおりにやる」、それだけで幸せになれるでしょうか。

あなた自身はもちろんのこと、あなたに仕事を指示した上司や先輩。さらには、あなたの仕事のアウトプットを手にする人。そのような人たちが、あなたの「働くこと」からよろこびを得られるでしょうか？

自己紹介が遅くなりました。野口雄志と申します。

私は現在、コンサルティング会社を経営しながら、大学の客員講師、物流やＩＴ、人材育成等のセミナーや講演等の講師、さらにはタレント業など、さまざまな仕事を楽しみながらしています。

私自身、「働くこと」とは、周りによろこびを提供することだと考えています。

提供する成果物を直接お客様へ届けたい場合には、個人事業主や個人企業のオーナー、さらには職人といった働き方がマッチしています。他方、組織の中で働くのが好きな人、あるいは、大きなプロジェクトなどの一翼を担うことをイメージして、成果物（商品、サービス）を創り上げるのが好きな人であれば、企業や組織で働くほうが適しているといえます。

いずれにせよ、まずは自分自身がよろこびを持って動き、そのうえで、自分が創り出す成果物に想いを込めることができるかが勝負になってくるわけです。

ところで、日本の働き方は世界と比べてどうなのでしょうか？

よく日本人は働きすぎだとか、職場によってはブラックであるとか、さまざまなハラスメントが多いであるとか、ネガティブな指摘を受けることも少なくありません。特に最近では、このような問題指摘が増えてきているようにも思います。

いったいどのような点が問題なのでしょうか？

これは私見になりますが、集合体としての組織が抱える問題点や課題と、職場にいる個人が持つ問題、これら双方に原因があると考えています。

私が経験した米国での働き方や環境と比べたとき、日本には独特な考え方や環境があります。

もちろん、よいところも少なからずありますが、グローバル（国際）化が進んだ現代において、変えるべき点のほうがむしろ際立っているのが実態ではないでしょうか。

問題はこれらをどのように変えていくかですが、経験や教育のちがい、または世代による意識のズレが組織のなかにあると、働きやすい環境づくりは遠のきます。多様性の時代を生きていくために改革が必要なのです。

だからこそ、企業としては基準をつくって行動を標準化すること。それに加えて、個人に対しては若手社員から管理職に至るまで、幅広い人材育成、リーダーの育成などを行い、働きやすい環境を継続的につくっていかなければなりません。

さらに新型コロナウイルス感染症が世界や日本を襲ったことで、さまざまな制約のなかで社会を大規模に改修しなければなりません。デジタル化が進んでいる諸外国では、すでに20年以上前からテレワークやオンライン教育、オンラインによる行政サービスが普及しており、さらに自宅勤務や遠隔地との情報交換も効率的に行っていました。コロナ禍においてもまったく問題なく使い分けができている国が多く、テレワークによる管理の手法は解決済みの課題でした。

これに対して、「働き方改革」を掲げる我が国では、日本型の「管理手法」を捨てきれないまま、独自の問題を抱えて苦しんでいるといえます。

本書は、これから働きはじめる人や、すでに働いているものの働き方に悩んでいる方に向けて、明日からの行動や思考の方法をわかりやすく解説するためにあります。

机上の論理ではなく、日本と米国という異なる環境で50年間働いてきた私が、実際に経験し、悩み、苦しみ、ときにはつまずきながら進んできた道をふり返り、よかった点はアドバイスとして、こうすればよかったという点は反省材料として、できるかぎりヒントをちりばめた教訓本です。

決して「野口流の働き方」を押しつけるものではなく、「こうやればできる」「こんな考え方もある」「ここで失敗した」などの選択肢だと思っていただき、最終的にはあなた自身が、うまく自分流にアレンジして、実践につなげていっていただきたいと願っています。

これからはさらに、不確実性の時代、多様性の時代に進んでいきます。

世の中がどのような状況であっても、どのように変化しても、「働くこと」に情熱を捧げられる。そんな方々のことを、年齢にかかわらず私は心から尊敬します。

本書によって、そのような人が1人でも多く増えることを願っています。

2021年7月

野口　雄志

働くことは人生だ！　君たちはどう「はたらく」か？
～ＡＩ時代の「働き方」トランスフォーメーション～　目次

はじめに

第1章　「働く」とはどういうことか

1　「働く」とは「はた」を「らく」にすることである　13
2　「働く」ことがよろこびを創出している　16
3　「働く」ことが自分の成長につながる　18
4　「働く」ことが社会の役に立っている　22
5　「働く」ことで自分の一生に何かを残せる　25

第2章　組織で生きるかどうかを考える

1　組織で生きる（＝活きる）ということ　33
2　チームプレーを楽しめる／チームプレーに退屈する　38
3　組織を客観的に見ることができる／組織に流されてしまう　42

4 自分の想いを大切にする／他人と自分を比較する 45
5 自らの信念に忠実である／他者からの評価を気にする 48

第3章 楽しく「働く」ための6つのポイント

1 ポイント① 基本は絶対に守る（ルール、約束、時間） 53
2 ポイント② 歯車にならずに自分で考えること 56
3 ポイント③ 信頼感をすべてに優先させる 59
4 ポイント④ 笑顔の似合う人になる 63
5 ポイント⑤ 常に夢を持ち続けている 66
6 ポイント⑥ 成功するという想いを持って働く 69

第4章 「働く」ことのさらなる楽しみ方

1 新人研修期間の楽しみ方 75
2 初出勤の緊張感の楽しみ方 78
3 自己紹介の楽しみ方 81
4 配属先における引き合わせでの楽しみ方 84
5 先輩社員とのチーム作業の楽しみ方 87

6　「飲みにケーション」（懇親会）の楽しみ方　91

第5章　とはいえ、仕事は厳しい

1　新人だからといって「いい訳」は通じない　97
2　「お金をもらう」ことの意味　102
3　後工程はすべて「お客様」　105
4　ミスはミスとして認める「潔さ」　109
5　成功も失敗もすべてが「学び」である　112
6　人間関係などの悩みには「逃げ場」が必要　115
7　「コンプライアンス」の大切さを理解する　120

第6章　厳しさを乗り越えていくために

1　どんなときでも必ず味方はいる　127
2　ストレスと上手につき合う方法　130
3　ハラスメントには厳しく！　135
4　ポジティブであることのよろこび　138
5　世の中は意外と「何とかなる」　141

6　1人で悩むよりみんなで悩む　144
7　ときにはドローンのように俯瞰してみよう　148

第7章　働くことが人生だ！

1　何より、自分自身が楽しいこと　153
2　自分が楽しいからこそ、周りを「らく（楽）」にできる　155
3　出世にこだわるか、よい仕事にこだわるか　158
4　周囲の人に与えるか、周囲から奪い続けるか　162
5　ＡＩとの共生がこれからの働き方　164
6　能力の可能性はいくつもある　166
7　しかし、人生は一度しかない貴重な経験である　169

おわりに

第1章

「働く」とはどういうことか

【本章でお伝えしたいこと】

- ❑ 本章では、人生でもっとも長い時間を費やす「働くこと」にスポットライトを当て、さまざまな角度から検証します。

- ❑ 「働く」という行為が、実はとても多くの意味を持ち、とても深いところで人間の営みに関わっていることを、できるだけ詳しくお伝えしていきます。

- ❑ 「働くこと」はとても楽しいことであると理解できます。「働くこと」が自らの成長につながるのはもちろんですが、それを超えて、自分自身を含む、多く人のよろこびにもつながることをお伝えしていきます。

1　「働く」とは「はた」を「らく」にすることである

「はた（傍）」が「らく（楽）」になるということ

「働く」という言葉は、「傍（はた＝周りの人）を楽（らく）にする」ことから成り立っている、誰かの役に立つことが「はたらく」である、との見方があります。

これには諸説あって、今の見方が正解かどうかはわかりません。

それでも、自分が動くことによって、自分以外の誰かが楽になる。

そんな風に考えたとき、私たちは自分という存在の意味に気づくことができます。もしも自分がこの動きをしていなければ傍の人は楽にはならなかったわけであり、だからこそ、自分の動きには意味があったといえるのです。

この考え方は、とても素敵だと私は考えています。

自分ではその意味に気がついていなかったとしても、実際に影響を受けたメンバーは「あなたの動きのおかげで楽になった」と感じるケースも少なくありません。

周りの誰かを楽にする（周りの誰かの役に立っている）働きは、たとえ本人が意識していなくても、また、誰かが強くアピールをしなくても、周囲や社会からしっかりと評価を受けていることがあるのです。

このことは、何も仕事だけに当てはまるわけではありません。

たとえば、ボランティア活動に参加する。街中で困っている人を見かけたときには自らすすんでサポートする。

このような動きも明らかに「はたらく」にあたるといえます。だからこそこうした取り組みには価値があると、社会全体が認めているのです。

そこまで目立った行為ではないとしても、あなたが真心を込めて育てた花の美しさに心癒される、あなたの凛々しく働く姿がそれを見ている誰かの憧れになる。そんなケースも十分に考えられます。

「楽」には手間を省く意味の「らく」に加えて、「楽しくする」意味もあると考えています。誰かの笑顔が誰かを幸せにする。これもまた立派な「楽」に他ならないのです。

「人」が「動く」から「働く」

直接的な動きだけではなく、間接的な動きもまた、確実に社会の役に立っています。

企業で働いているとき、備品の整理やゴミの片づけなど目立たない仕事を、頼まれていないのに毎日欠かさずやってくれる女性社員がいました。

私はそうした働きに本当に心が救われましたし、彼女の動きを見ていると心から楽しい気持ちになりました。

このように、誰のどんな動きであっても（もちろん、犯罪のような社会悪は明らかに別ですが）、

「はた」にいる誰かの「らく」につながる可能性を秘めています。

言いかえれば、無駄な動きなど、どこにもないのです。

「働く」とは「人が動く」と書くことからもわかるように、誰かが動くことによって、他の誰かのためになる行為を指しています。

あなたの周りには常に「はた」を「らく」にできるたくさんのでき事があって、あなたも含めた多くの人たちが日々何らかの形で、「傍を楽」にする「はたらく」を実践しているのです。

そんな風に日々の仕事を眺め、自分の働きを振り返ると、少し楽しい気分になりませんか？

私は60歳を超えてもなお、自分の動き、自分にポジティブな影響を与えてくれる誰かの動き、そんなたくさんの動きに心からワクワクしています。

そして、あなたとこのワクワクを共有したいと心から願っています。

自分が働くことで、日々新しい価値を生み出している。

こんな風に書くと、何だか大げさに響くかもしれません。

しかし、それは疑いのない事実です。さらにいうと、それはまさに、新しい社会を創り上げていることと同じであるともいえます。

あなたの動きが誰かの役に立ち、「傍を楽」にする＝「はたらく」。

それだけで、社会の革新につながるのです。

2 「働く」ことがよろこびを創出している

あなたは仕事によろこびを感じていますか

毎日働けることは素晴らしいことで、その機会を得ていることに感謝しなければなりません。

日々を当たり前のように過ごしていると忘れてしまいがちですが、病気もケガもなく、家庭の事情を心配することなく働けるのは、いくつもの奇跡の積み重ねの結果です。

能力も意欲もあるのに、さまざまな事情で働けなくなった人をたくさん見てきました。

本人が一番悔しいのはもちろんですが、そんな様子を傍で見ている私も、何ともいえない悔しい気持ちを抱えていたものです。

毎日働ける今に、感謝は必要です。

ここで、あなたに質問です。

毎日働くことによって、あなた自身はよろこびを感じることができていますか？

「何をいっているんだ？」。

「働くことが楽しいわけがないじゃないか」。

「むしろ、苦しいのが働くということだろう」。

そんな風に感じている人は、多いのではないでしょうか。

正直に告白すると、私も20代から30代の頃は、働くことによろこびを感じませんでした。

むしろ、つらかった記憶のほうが多く、毎日遅くまで残業をして、当たり前のように週末も働き、それでも上司から叱られ、何のために働いているのかと自問する毎日を送っていました。

ひどいときには、今すぐ何もかもを投げ出したい衝動に駆られたりもしました。

そんなときには、「何のために働くか?」を考える余裕すらなかったことを思い出します。

「好き」がよろこびにつながる

とはいえ、そのような日々においても、自分自身が常に意識していたことはあります。

私はコンピュータプログラマーとして働いていたのですが、自分が今つくっているシステムは必ず社会の役に立っている、必ず誰かを楽にしている、そんな風に気持ちを奮い立たせていました。

そうすると不思議なことに、心の底からよろこびが湧いてくるのです。

自分の仕事が世の中を少しでもよくしている。

それが本当だとすると、あなたの心にもよろこびが湧いてきませんか?

さらに大切なのは、あなたが今の仕事を好きかどうかという観点です。

今の仕事が好きなら、働くことはあなた自身のよろこびになります。他方、あなたが今の仕事にまったくよろこびを見いだせないのだとしたら、仕事を好きになれない何らかの理由が、どこかに潜んでいるのかもしれません。

あるいは、今の仕事の楽しさに気づいていないだけかもしれません。

仕事を好きになるというのは、とても重要なことです。

私はプログラムをつくる仕事が性に合っていましたし、そもそも幼い頃から何かを創り出すことが好きだったので、モチベーションを高く保てていたことは事実です。

とはいえ、その時代（昭和50年頃）のシステムプログラマーは、とにかく体力勝負でした。

プログラムがうまく動かずに、会社に1週間続けて泊まり込み、軽く仮眠を取るだけのほとんど徹夜状態で仕事をした経験もあります。

そのようなときには、よろこびというよりも、何としてもつくり上げるという使命感のほうが強く、むしろよろこびは二の次でした。

それでも、今から思い返すと、そのときの経験は今の私が働く土台になっています。

3 「働く」ことが自分の成長につながる

私たちは人生の多くの時間を「働く」。

1日8時間、通勤時間を加えたら平均10時間。

私たちは働くために人生の多くの時間を費やしています。

だからといって、ここで働く時間の長さを問題にしたいわけではありません。ただ自分の時間をそれだけ使っている。その点を認識しておきたいだけです。

自分の時間とは、あなたが一生のうちで使える時間です。

仮に85歳まで生きるとして、人が使える時間は約75万時間と限られています（図表1）。

これは誰にも等しく与えられた平等な条件です。そして、あなたにとっての貴重な人生の時間です。

この貴重な時間をどのように過ごすのか。

それはあなたの一生をどのように過ごすのかという問題と同じ問いになります。

限られた時間なら、自分の成長のために使いたくなりませんか？

成長することとは何も難しい本から知識を得ることだけではありません。あなたが過ごしている日常生活の、どんなに小さなでき事からも、意識をしっかりと向けてさえいたならば、たくさんのことを学べるはずです。

日々のでき事が、あなたの成長にしっかりとつながっていく。

そのようなつながりがあることを理解して、考え方や意識の持ち方を変えてみるのです。

特にあなたが働く場面には、多くの気づきにつながるでき事がたくさん転がっています。

上司や先輩からのアドバイスだけでなく、同僚との会話、お客様とのやり取り、そんな何気ない事柄のなかにも、学びのヒントは隠れています。

意識をしっかりと持っていれば気がつくことができる。

〔図表1　人生で与えられた時間（起きている時間）注：個人差あり〕

少し意識してみてください！

750，000時間（85年X365日X24時間）

500，000時間（85年X365日X16時間）

105，000時間（18年X365日X16時間）
（野口のケース）

しかし、意識が向いていなければ、あっさりと見逃してしまうことにもなりかねない。刑事物のテレビドラマのなかで、主人公の刑事が、家族と事件とは関係のない世間話のなかで、犯人逮捕につながる気づきを得る場面があります。

どんなに小さな要素も見落とすことなく、常に事件=仕事と結びつける意識が備わっているからこそ、重要な気づきを得ることができたのです。

「働く」ことによって自己実現を目指す

話題をあなたが「働くこと」に戻しましょう。

あなたは生きる時間の多くを「働く」時間として使うことになります。

この時間が給料をもらうためだけのものなら、もったいないと思いませんか?

もちろん、働くうえで報酬は大切なものであり、それなくして「働くこと」は成り立ちません。しかしながら、ただ報酬を得るためだけに、何のよろこびを感じることもなく貴重な時間を費やすことは、とても残念なことです。

だからこそ、すぐによろこびは至らなくても、自分を成長させるための時間だと思って、仕事の時間を大切にしてほしいのです。それは決して難しいことではなく、毎日の仕事を通じて、知識や経験を積み重ね、その先に「なりたい自分」をイメージし、それを実現していく。

そんな自己実現を目指すことでよいと私は考えています。

継続は力なり

単にお金を稼ぐために働いているだけの人と、自己実現につなげることができた人では、たとえ同じ時間を使っていたとしても、人生の意味や時間の価値に大きな差が生まれます。

何かを成し遂げたときには、自分自身を大いにほめるクセをつけておくことも必要です。

特に自己実現の世界は、なかなか実現できないテーマでもあります。だからこそ少しでも理想の自分に近づけたときには、大いに自信を持ち、自分をしっかりとほめてください。

そのうえで、次の自己実現へとつなげていくのです。

継続は力なり。

1つのことを続けるというのは、それだけで十分な価値を持っています。その点をしっかりと心にとめておいてください。

4 「働く」ことが社会の役に立っている

あなたの働きは必ず社会の役に立っている

会社に勤める。お店で働く。公務員として地域に貢献する。医療従事者として多くの人を助ける。あるいは、家庭をしっかりと守っていく。

これらはすべて「はたらく」に該当します。

昔から「職業に貴賤はない」といわれてきました。職業に貴い、卑しいということはないという意味です。半世紀ものあいだ働き続けてきて、私はそのことを強く実感しています。どんな仕事もどんな働き方も、どこかで必ず誰かの役に立っています。

あなたがやっていること、これからやろうとしていることは、必ず社会の役に立つのです。

私はこのことを、すべての働いている人たち、そしてこれから働き始めようとしている人たちに、しっかりとご理解していただきたいと願っています。

だからといって、不自然に力を入れることはありません。

「自分は社会の役に立つのだ」と、肩肘張って頑張ることも必要ありません。

あなたにとって必要なのは、今の自分の仕事をしっかりとやり切ること。それを毎日続けること。

それによって自分の仕事を好きになること。そして、それまで以上に心を込めて誠実に取り組み、よい結果につながるよう努力し続けること以外にありません。

上司に指示された＝自分がやりたくてやっているわけではない仕事であっても、真摯に取り組み、確実の成果を出すことによって、誰かにとっての価値を生み出すのです。その価値が社会をよくし、「はた（傍）」にいる多くの人を「らく（楽）」にすることへとつながっていきます。

そんなあなたを見ている上司は、あなたの動きによい影響を受けます。

「君に仕事を頼んでよかった」。

この言葉はあなた自身に与えられた評価であると同時に、上司の心に生まれたポジティブな感情を象徴しています。つまり、上司はまちがいなく「らく（楽）」になっているということです。

仕事の成果とはポジティブな価値である

仕事を指示した、あなたの目の前にいる人のために働くこと。

その働きは、あなたには見えないずっと先のほうで、あなたの知らない誰かの心にポジティブな感情を生み出しています。売上とか利益とかではなく、そうした誰かのポジティブな感情こそが、本来の仕事のゴールなのだと考えています。

仕事の成果とは一般に、販売目標を達成するとか、利益をいくら上げるとか、何人の新規顧客を獲得するとか、そのようなものだと考えられています。もちろん、それは正しい理解ですし、私もこれまでずっと、そのような成果を意識して働いてきました。

しかしながら、いつの頃からか、それだけでは物足りないと感じるようになりました。

会社のなかでポジションが上がってくると、社内の人間とだけ接する時間が長くなり、お客様と直接やり取りする機会が減ってきます。それが原因だったのかもしれませんが、今の自分の働きが、誰かの役に立っているという実感が次第に薄くなってくるのを自覚しはじめました。

それでも、部下がモチベーション高く働けば、その部下が担当しているお客様にたしかな価値を届けることができるはずだ。だからこそ、まずは目の前にいる人のためにしっかりと働こう。

そんな風に自分にいい聞かせることで、物足りなさを克服することができました。

あなたがつくる製品やシステムも、あなたが提供する商品やサービスも、たとえ相手のよろこぶ顔を直接目にすることができなかったとしても、ポジティブな価値となって社会に還元されていきます。

もちろん、自己実現を目指して働く結果も、同じことです。あなたの働いた結果が、ポジティブな価値となって社会に還元されること。それがあなたの仕事のゴールに他なりません。

だからこそ、「誰かの役に立っている」との想いを自然な形で抱えながら、日々の仕事に臨んでほしいのです。

5　「働く」ことで自分の一生に何かを残せる

「働く」ことはまちがいなく社会に何かを残す

先ほどとは少し矛盾したことをお伝えするかもしれません。

私たちは人生の多くを仕事に費やすといいましたが、それでもそこには限界があります。

１日に働ける時間は限られており、仮に15歳から75歳まで１日８時間を毎日働いたとしても合計12万時間程にしかなりません。

これを長いと見るか短いと受け取るかはあなた次第ですが、いずれにせよ、私たちの働く時間は有限であるということです。

この12万時間の間に、あなたが「働く」ことで世の中に何を残せるでしょうか?

たとえば、大規模な建設プロジェクトで社会に貢献したり、インフラ設備の設置プロジェクトに参画したり、あるいは、ＩＴシステムの開発や新しい技術の開発によって世の中を便利にしたり、もっと身近なところでいえば、あなたのお子様たちを立派に育てたり、適切な教育を与えることで次の時代への導きを与えたり、ボランティアなど地域貢献活動に参画したり。

このような働きはたしかに、世の中に何かを残しているといえます。そのことによって、さらにモチベーション高く働き続けることができます。

もちろん、ここに挙げなかった働きが、社会に何も残さないということではありません。あくまでわかりやすさの観点から、例として示しました。

一歩引いて自分のことを眺めてみると、自分が社会に何かを残せるなどという考えは、それほどしっくりとはこないことがわかります。

ですが、くり返しお伝えしてきたように、私たちの仕事がどれも社会の役に立っており、目には見えない形であったとしても確実に何かを社会に残しています。国家プロジェクトのような大きな仕事だけが、社会に対する功績ではありません。

大きな仕事ではなくても、あなたの働いた結果は、社会にとってのポジティブな価値になっています。

このことを、心にとめておいてください。

素敵な未来のために、働いた結果を記録に残す

とはいえ、自分が何を残したのかについては、できるだけ明確に知っておきたいものです。

自分が設計した橋を通って毎日通勤する。そんな幸運に恵まれる人はあまりいないでしょうから、お客様のよろこぶ顔が見えないように働き方であっても、「自分が何をしたのか」という点だけは、しっかりと認識しておきたいというのが本音でしょう。

そのためには、あなたが担当した仕事の内容を、あなたが働いた1つの証として、何らかの形で記録しておくことをおすすめします。

そうすることで、少なくとも「自分が何者であるか」は理解することができます。

それ以外にも、自分が働いた内容をふり返ることで、よかった点を復習し、悪かった点は反省し、わかる部分だけでもよいので、仕事の成果を客観的に見つめ直す。そうすることで、あなた自身のスキルが向上し、次のステップへと進んでいく準備が整います。

自分がどのようなときにもっとも力を発揮することができたのか。

今までの仕事を通じて、どのような経験を重ね、どのような人間関係を築いてきたのか。

それらは確実に、その後のあなたの　働きにとって、貴重な財産となることでしょう。

どうやったところで、一度しかない人生です！

「人生100年時代」といわれる今の時代、さすがに100歳まで働くことはないと思いますが、誰かのために、そして自分のために働けるうちはできる限り働く。

働き方は人それぞれちがっても、働くことで刺激を受け、細胞の若さを保つこともできます。働くことは、自分の一生をかけて成し遂げる「人生プロジェクト」。

ぜひともそのように理解して、働くことに全身でよろこびを感じ、「一生の創造」をすることを意識して生きていく。そのような生き方ができればあなたの人生は常に刺激に満ちたものになり、どれだけ年齢を重ねても、心の若さを保ち続けることができます。

よくいわれることですが、人が老いるのは成長を断念した瞬間からであり、もっと成長したいと願っている限り、心の若さを失うことはありません。若い今のあなたには実感がないでしょうが、私のような世代になってくると、心の持ち方がそのまま人生の在り様に影響してきます。実年齢は70歳を超えているのにいつまでも若い人、その一方で、まだ60歳にもなっていないのに何だか老け込んでしまっている人。どちらも私の周りにいます。その理由はいたってシンプルで、2人と話をしてみればわかります。前者は何より気持ちが若く、リアルタイムの問題にも意識を向けて、頭を常に柔らかく保つ努力をしています。後者は今から何かを成し遂げようなどの気持ちもなく、ただ何事もなく時間を過ごすことばかり考えています。

私の好みだけでいえば、前者のタイプに圧倒的に魅力を感じます。

私自身もそのような方々を見習って、いつまでも気持ちを若く保ち、若い世代とも交流しながら人生を楽しく過ごしていきたいと考えています。

将来のあなたは、はたしてどちらの生き方を選択しているでしょうか。

〔図表2　野口流『仕事が成功するカギ』〕

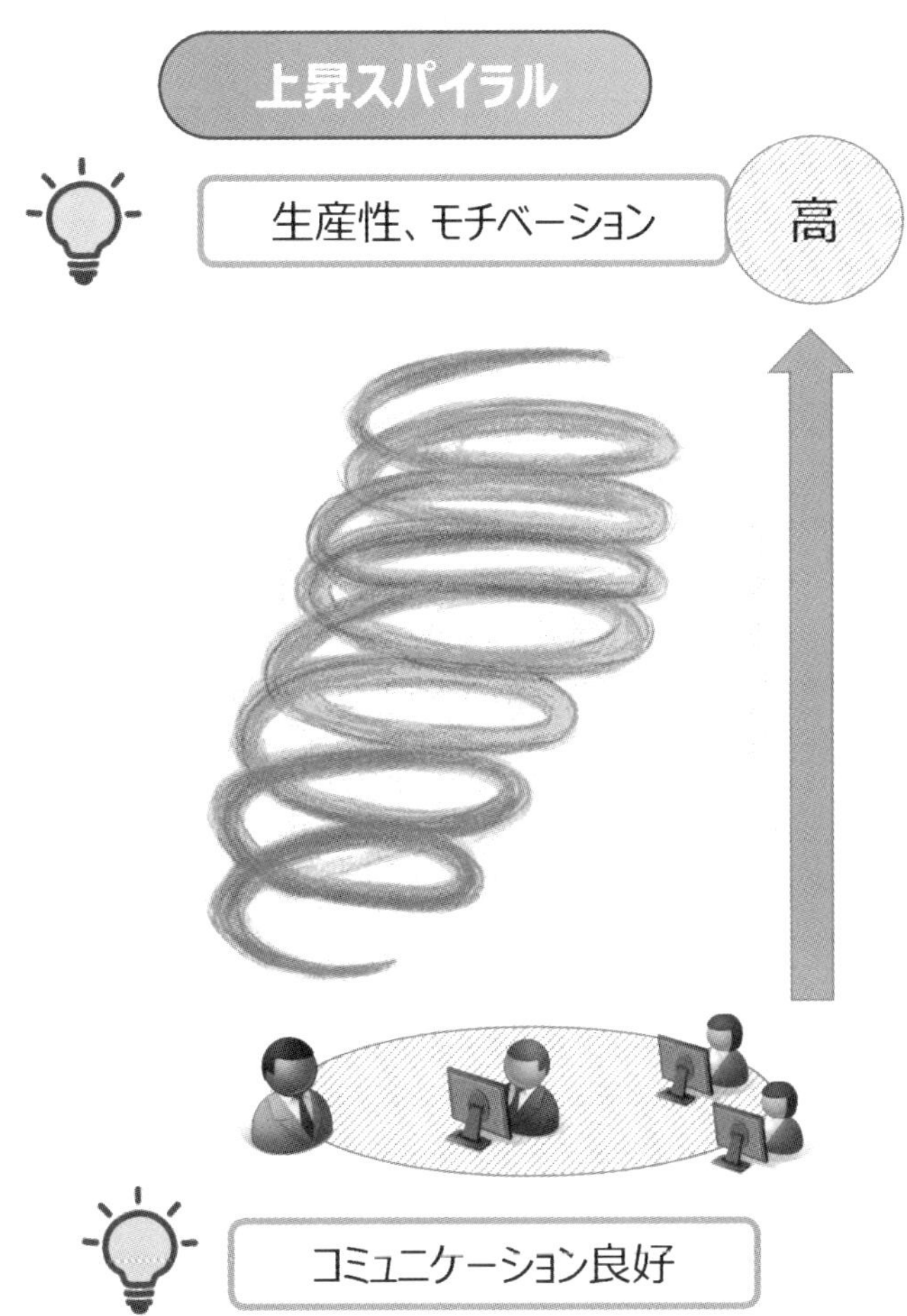

【本章のまとめ】

あなたが単に働くだけと思っている毎日。
実はそんな日々が、とてもたくさんの意味を持っています。

「働く」ことは誰かのためであり、よろこびを創出し、そして自分自身を成長させ、社会の役に立っています。

つまり、働くことが一生のプロジェクトなのです。

働くことがあなたの人生の中心になること。
そして働きはじめるときから、いつか働きを終えるときまで。
ここに書かれている内容を、あなたが自然に積み上げていくことが大切なのです。

ぜひとも、「働く」ことを楽しみましょう！

第2章

組織で生きるかどうかを考える

【本章でお伝えしたいこと】

- ❏ 働くうえでは、環境も大きな要素となってきます。
  ここでは、「組織」という環境について、働くことに
  どのような影響を及ぼすのかを検証します。

- ❏ 組織という環境を自分の味方につけることができたなら、
  働き方の質が向上します。そのために留意すべき点などを
  詳しく解説していきます。

- ❏ 組織における自分の立ち位置なども気になるところですが、
  周囲の人と比較することが果たしてよいことなのかどうか。
  その点についても言及します。

１　組織で生きる（＝活きる）ということ

「生きる」ために「活きる」

私は高校を卒業してすぐに、会社という組織に入りました。

18歳から大きな組織でたくさんの人と一緒に働きはじめました。特に若い頃は多くの先輩方に守られているという実感が非常に強かったことを記憶しています。これは大きな組織で働くことの、１つのメリットといえるかもしれません。

先ほどもお伝えしたとおり、コンピュータ・システムのプログラマーが私の仕事でした。

今とはちがって、当時は社会全体がよい意味でも悪い意味でもかなりのんびりしていましたので、ほとんど自分のペースで仕事を進めていました。それで許されてもいました。

ですが、時代の変化とともに、経験を積み重ね、組織のなかでのポジションも上がってくると、自分のペースで仕事をするのが許されなくなり、むしろ、後輩や部下たちにいかに動いてもらうか、いかに生き生きと働いてもらうか、という点に気を配る必要が出てきました。

自分のペースで働くことから、相手のペースで働くことへの転換。それは、当時の私にはかなり難しいことで、非常に苦労したという印象しか残っていません。

その理由ははっきりしていて、私はずっと自分の働きだけしか気にしてこなかったからです。

どのような職種であれ、組織に入って働くということは、あなただけがしっかりと働いていればそれでよいというものではなく、組織の一員としてのあなたの働きが周囲のメンバーの目から見てどのように映るか、という点を意識しなければならないということです。

自分のペースで働くことが周囲にとっても好ましく映る場合にはそれでよいのかもしれませんが、私が入社した頃とはちがって、仕事の内容そのものも複雑になりチームプレーを求められる場面が非常に増えてきています。

つまり、マイペースはよい印象を与えない可能性が非常に高く、むしろ周囲の働くペースを常に意識しながら、あなたができる最高の貢献をしていく。そんなスタンスが、あなたには強く期待されているのだといえます。

組織に貢献する＝組織のなかで活きる

あなたに期待される貢献を実現するために必要なこととは何でしょうか。

理想の形を先に示すならば、それはあなた自身の特性や強みが期待される役割とマッチしている状態だといえます。論理的に考える力に長けている人であれば、企画部門などに配属される。また、人とのコミュニケーション能力にすぐれている人は営業現場などで活躍する。

このようにあなたの持ち味を発揮することがそのまま組織の成果にもつながる。これはあなたにとっても周囲にとっても最高の働き方であるといってよいでしょう。

その意味では、入社前に配属先の希望をきかれたときに、自分の得意分野ややりたい仕事などを希望として伝えることが大切になってきます。ふだんから自分のことをしっかりと掘り下げながら、準備を重ねていくことをおすすめします。

とはいえ、希望が必ず通るという保証はありません。

大きな組織であればむしろ、若い社員に対して、望んだ先とは異なる場所で経験を重ねることを期待するケースも多いように思います。視野が広がる。多様な経験を重ねることができる。会社の思いはさまざまですが、基本的にはあなたのことを考えての配属です。

大切なのは、このときにどう考えるかです。

希望が叶わなくても、経験を重ねるために与えられた配属先で最大限の努力を重ねる。すべてをポジティブに捉えて、自分の力へと変えていく。その姿勢がとても重要になってきます。

入社できたこと、配属されたことに感謝して日々を一生懸命に働く。その結果、希望とは異なる経験だったとしても、それを重ねることで仕事に誇りを持ち、また組織のなかで一番の知見を持ち、モチベーションも保ちながら働くことができれば、それはとても素晴らしいことです。

私の知人に、研究職を希望しながら、最初は企画開発部門に配属された人がいます。

最初はかなりショックを受け、この会社でこのまま働き続けていいのかどうか、周りの人たちも心配になるくらい悩んでいました。私も彼に相談を受けたのですが、研究職に対する思いの強さや学生時代からの努力をよく知っていたので、どのようにアドバイスすべきか少し悩みました。

それでも、背中を押すことが自分の役目だと思い、次のようにいいました。

「まずは3年、頑張ってみよう。そこでまた、考え直せばいいじゃないか」。

3年間、1つの仕事に没頭すれば、よい点も悪い点も理解することができます。ひととおりの知識も身につけることができます。それでもポジティブな気持ちになれないとしたら、思い切って別の働き方を考えるべきかもしれません。

あるいは、真摯に仕事に取り組む姿勢が評価され、かつ3年後の時点でもまだ研究職への想いが変わらなければ、異動の希望が叶うかもしれません。

私は後者の姿勢に賭けることが、彼にとってベストの選択に思えたのです。

そして彼は見事、3年後に研究職の仕事に移ることができました。たまたま新入社員のときにはポストに空きがなく、他方、企画開発を知っておくことは後々研究にも活きるだろうとの配慮から決まった配属だったということも後からわかりました。

今では組織に欠かせない中心人物として、日々の仕事に邁進しています。会うたびに成長した姿を見せつけられるので、お尻を叩かれている気分になり、私もうかうかしていられないと感じるばかりです。

彼のような働き方こそが、組織のなかで活きることに他ならないと私は考えています。意識を高く持ち続け、組織で活きる人材に成長すれば、その先には明るい未来が必ず開けているはずです。あなたもぜひ、組織で活きる人材へと成長していってください。

〔図表３　組織の中で活きる自分とモチベーション〕

組織の中での自分

組織の外での自分

働くモチベーションは？

2　チームプレーを楽しめる／チームプレーに退屈する

チームプレーを楽しめる人材

先ほども見てきたとおり、組織で働くということは、単に働く場所が会社ということではなく、組織の一員として働くことを意味しています。スポーツに例えていうならば、組織とは多くの人が同じ目的に向かって集まるチームであり、あなたにはチームの一員としての行動が求められます。その行動こそが「チームプレー」と呼ばれるものになります。

あなたの能力がどんなに高くても、それがチームプレーとして認められなければ、「はた（傍）」の人を「らく（楽）」にはできません。

ちなみに、チームプレーとは別に「チームワーク」という言葉も使われます。

両者は同じ意味で使われる場合がほとんどですが、あえてそこにちがいを見出すならば、組織のメンバー全員がチームプレーをしっかりと実践できているとき、組織としてのチームワークが十分に発揮されている。そのように整理することができます。

あなたのチームプレーが、チーム全体の力になること。

あなたの働きが、組織としての成果に、確実な形で結びついていくこと。

私はサッカーが好きなのですが、たとえば、個人でのドリブル突破が困難なシチュエーションで、仲間とのパス交換を駆使して空いたスペースを生み出す。そこに後方から仲間が飛び込んできて、見事にゴールネットを揺らす。このようなシーンを目にしたときに、鳥肌が立つほどの興奮を覚え、チームプレーのすばらしさを再確認することになります。

あなたがこうした状況によろこびを見出せるのだとしたら、それだけでチームプレーをとことん楽しめる人だといって差し支えありません。大切な仲間との協働によって、自分だけの力では決して到達することのできない、高いレベルの成果を目指していきましょう。

チームプレーに退屈する人材

組織には色々な価値観の人が働いています。

なかには、チームプレーが嫌いではないものの、毎日それを続けていると何だか退屈してしまう。特に、自分よりも能力が低いと感じている人がいたときに、退屈が不平不満の形をとって飛び出し、自分自身のパフォーマンスが落ちることはもちろん、周囲のモチベーションを低下させるなどして、チーム全体のパフォーマンスに悪影響を及ぼす場合も少なくありません。

自己評価が実態よりも高すぎる人、自分は完璧だと思っている人が陥りやすい状態です。

これまでの仕事の経験のなかで、そのような人に何人も出会ってきました。ときには部下として、また別の機会には上司として、チームワークの阻害要因と向き合ってきました。

かくいう私自身も、小学校時代から続けてきたサッカーでは、個人プレーに酔ってしまうあまり、周りの状況が見えなくなって、決定的なチャンスを逃してしまうことも少なくありませんでした。

それとは逆に、周囲を必要以上に当てにしてしまい、成果を出せなかったこともあります。かなりチームプレーの大切さを叩き込まれてきたつもりですが、それでも、それを常にキープすることは、決して簡単なことではないと反省しています。

自分の力を高めることに意識を向ける

そのような反省を踏まえるならば、チームプレーに退屈を感じたときの対処として、自分の力を高めることに意識を向けるようアドバイスを送ります。

自分を高めるためにチームの力を最大限に活用する。経験を重ねるために他のメンバーから教えを受ける。1人にできることは限られており、メンバーの力を借りることで広く、深く知恵を出していくこともできます。

チームとしての力が最大化するためには、チームプレーの前提となる個々のプレイヤーの能力が、最大限に高まっていなければなりません。力のあるメンバーがそろってチームプレーに徹したとき、この上ないチームワークが発揮されることになるのです。

その意味では、個人の力を高めるという方向性も決して悪くはありません。

それがチームプレーへの退屈を解消し、気持ちを取り戻すという目的は忘れずにお願いします。この前提を忘れてしまうと、すべてが台無しになってしまいますので。

〔図表４　組織のなかで活きる自分とモチベーション〕

企業チームにおける意識の共有化

すべての登場人物が１つの目標に向かって進める。

トップマネジメント

取締役会議（役員会議）

他部門の同ポジションの方々

自分の組織を構成する全員

パートナー企業

お客様

3　組織を客観的に見ることができる／組織に流されてしまう

組織を客観的に見ることができる人

私は48歳まで現役プレイヤーとしてサッカーを続け、その後は監督やコーチといった立場からサッカーに関わってきました。

今もまだ、機会を見つけてはサッカーに触れています。この年でもフットサルならば何とかプレーすることもできています。

あなたもご存じのとおり、サッカーのゲームは11人対11人で行います。

それだけの人数がいれば、個人プレーの得意な人、チームプレーの得意な人、あるいは、状況に応じて両者を使い分けることができる人、それぞれのタイプが存在します。監督の役割はそうした選手の特徴を把握したうえで、さらに相手チームの選手についても可能なかぎり分析したうえで、その試合において自チームの選手がもっとも活きる＝試合に勝てる組み合わせを考えます。そして、試合に勝てる11人をピッチへと送り出すわけです。

選手から監督までを経験したことで、私は組織と個人を融合する面白さを学びました。

チームという組織を客観的に眺めることによって、チームの力を最大化するために必要な要素を、非常に多く学ぶことができたと時間していいます。

いつも全体を意識する訓練を重ねる

組織にどっぷり浸かってしまうと、目の前の仕事のことしか見えなくなってしまいます。大きな組織であればあるほど、組織全体としての動きや仕組みなどが見えなくなります。そして自分の仕事が社会とどのように結びついているのか。自分の出した結果が誰にどんな価値を提供し、他の部門や会社全体でどのように評価されているのがわからなくなってしまいます。

ですが、常に全体を見る意識を持っている人は、こうした状況には陥らずに済みます。

組織で働くうえでは、個々の仕事＝木を見ることも大切ですが、その木がどんな森に生えていて、その背後にはどんな山が広がっているのかについても、同じく目を向ける必要があります。それがあなたの立ち位置や仕事の意味を明らかにしてくれるのです。

だからこそ、いつも全体を意識する訓練を重ねてください。この力は、誰もが習慣によって確実に身につけることができるものです。

組織に流されてしまう人

いうまでもなく組織の力は絶大です。ときにはあなたを飲み込んでしまうこともあります。

「組織に流される」とは、自分の考えを捨てて組織に迎合することだと私は考えています。厳しいいい方かもしれませんが、流されるという決断をするのも自分自身です。それくらいストイックに考えておくほうが、あなたの成長にとってはプラスに働くはずです。

それでもあなたは、こんな風に感じるかもしれません。

「自分は自分の意見を明確に持っているので、組織に迎合することはあり得ない」。

たしかに、そのとおりかもしれません。自分の意見を明確に持っていることは、それ自体とてもすばらしいことだと私も共感します。誰もがそんな風に自分の意見を持てるわけでもありません。そのスタンスはこれからもずっと維持してほしいと思います。

とはいえ、組織の力を侮ってはいけません。

今の日本では、組織のために動いたことで自分の心や体まで壊してしまう人が多いのです。

これはいわゆる「ブラック企業」にかぎった問題ではなく、どこの企業でも起こり得ることです。

あるいは、ときにマスメディアを賑わすコンプライアンスの問題で、実際には行われていたことをなかったことにしたり、証拠を隠ぺいしてしまったりといった不祥事が頻繁に見受けられますが、これもまた組織に流されてしまった結果として起こったものだといえます。

もちろん、不祥事に関与した本人はそれがいけないことだと理解しています。

それでも、組織を守るため、組織で働く自分を守るため、そうすることで大切な家族を守るため、誤った行動へと自分を導いてしまうわけです。

もちろん、こうした行為が会社に、その人の人生に、大切な家族の人生によい影響を及ぼすわけはありません。

その瞬間だけは守れたとしても。最後は必ず悔いの残る人生になるでしょう。

4　自分の想いを大切にする／他人と自分を比較する

自分の想いを大切にする人

いきなり禅問答のような話で恐縮ですが、少しだけお付き合いください。

何のために働くのか？

働くことのよろこびはいったいどこにあるのか？

本当は働くことが嫌なのではないか？

20代の頃の私は、いつもそんなことばかり考えていました。出社するのが嫌になることも多く、働くモチベーションやよろこびがなかなか見つからなかった時期でもありました。

ＩＴ関連の部門にいたこともあって、自分の心持ちが怪しくなってきたのがわかったときには、「自分のつくるシステムを待っている人がどこかに必ずいるはずだ」と気持ちを切り替えて、それで何とか出勤できる日もありました。

そのような切り替えを行うことが何とかできたからこそ、私はギリギリのところで踏みとどまれたのだと思っています。

私の過去は反面教師でしかありませんが、働くことへの強い想いを持っているかどうかで、本当に苦しい時期を克服できるかどうかが決まってきます。弱気になった自分を支えることができるもの。

それは他ならぬ自分の想い以外にはありません。

精神力という表現が許されるならば、その根幹を担っているのは仕事への想い以外にはないのです。

このような芯をしっかりと身につけられるかどうかが、とても大切になってきます。

そのためには、日々の仕事に邁進し、しっかりと知識や経験を蓄積することが必要です。それがあなたの自信になって、たしかな太い芯を形成していくのです。

他人と自分を比較する人

とはいえ、知識や経験を積み重ね、自分に自信を持てるようになってくると、不思議と周りからの評価が気になり出します。

そこで見られる気持ちの変化として、今まで気にしていなかった他人の行動や評価が気になってくる。そして、他人と自分とを比べてしまう。そのような心の動きが多く見られるようになります。

「なぜあの人だけが評価され、自分は評価されないのだろうか」。

「自分のほうが評価は高くて当然のはずだ」。

そんなネガティブな感情が湧き上がってきます。

多くの企業では、人事異動の発表は年に2回。4月1日付けと10月1日付けが多いようです。昇格や転勤などの辞令を目にするたびに、同期の中で誰が早く昇進したかなど何の役にも立たない話題が会社のあちこちで飛び交います。

この時期の居酒屋では、他人と自分を比較したたくさんの愚痴であふれ返り、決して気分のよいものではありません。

とはいえ、かつては私も、会社一番ともいえる愚痴製造マシーンでした。

同期の高卒プログラマーは９人いたのですが、私は自分の評価がもっとも低いと思っていました。自分の組んだプログラムを新たに稼働させたにもかかわらず、一般にバグと呼ばれるプログラムの不具合で、他のシステムにも多大な悪影響を与えたり、あるいは、全国の輸送システムを一定期間動かなくしてしまったりと、自身の不手際で大きなトラブルを発生させていました。

そして、半ば言い訳をするように、たくさんの愚痴をあちこちにばらまいていました。

そんな私を見かねた上司が、他の適性を試すことも考えて、他部門への異動の機会をくれました。その後、営業や海外勤務などを経験して自信を取り戻し、再びＩＴの現場に戻ることができました。上司の判断がなければ、どうなっていたかわかりません。

私の例のように、他人と自分を比較したくなる痛いほど気持ちはわかります。それでもあなたは、あなた自身の仕事を誠実に行う、それだけに専念してほしいと思います。

誠実に積み重ねた結果が、昇級や昇進につながるのです。そのことをぜひ、心にとめてほしいと願います。

5　自らの信念に忠実である／他者からの評価を気にする

自らの信念に忠実である人

あなたは仕事の進め方に1つの形を持っていますか。

その形を使って仕事の質を上げていくことができれば、自分の働きによろこびが生まれ、さらに自信を持つこともできます。

先ほどもお伝えしたように、私は自分の立ち位置や周囲からの評価、そんな風に人の目（特に上司の目）ばかりを気にする時期がありました。昇格時期になると同期や入社年次が1、2年ちがう人の動向がとても気になっていました。後輩が上位職に就くこともあり、悔しがったり、うらやましがったり、毎年心が揺れていました。気にしていました。

今から思うと滑稽に感じますが、当時はため息が出るほど悩んでいました。

そんな私を変えてくれたのは、自分の本来の仕事でした。私は世界一のプログラマーを目指し、グローバルを含め、社内でもっとも優秀なシステムエンジニアやプロジェクトマネジャーであると自負していました。決して鼻を高くしたことはありませんが、自分を高みへと持ち上げるために、与えられた仕事で能力を最大に高める努力をしていました。ストイックなまでにそれを信念として働いていたのです。

今の力よりも少々高めの目標設定をすることで、それをクリアするための力が湧いてきました。人には負けたくないという想いもありましたし、経験を積むにしたがって自分の能力で絶対にクリアできるという強い自信がついてきていました。

経験から身につけた形を大切に、努力を怠ることなく、自分を高めることを楽しみましょう。

他者からの評価を気にする人

それでも、他者からの評価が気になってしまう人がいるかもしれません。

あの人は自分の仕事ぶりをどのように思っているのか、上司は口では何もいわないが、いったい自分をどう評価をしているのだろうか。そんなことを考えてしまう原因のほとんどは、自分の仕事に集中できていない点にあると私は考えています。

自分のやるべきことと真摯に向き合い、さらに求められている以上の仕事ができているときには、他者の目などは気にならないものです。

他者の目が気になり出すと、気に入られようとして自分の信念とはちがう動きをしたり、周りによく見える仕事だけを選んでしまったり、最悪の場合には、チームメートの功績を自分のものにしたりと、信念とはかけ離れた行動を起こしがちです。

そんなことをして、いったい誰がよろこぶのでしょうか。

あなたはあなたなのです。自分の仕事に集中する。それだけを考えていきましょう。

【本章のまとめ】

本章では自分自身が、または自分の仕事が、組織のなかでどのように生きる＝活きるかを探求してきました。

組織で生きる（＝活きる）ということは、
・チームプレーを楽しむこと
・組織を客観的に見られること
・自分の想いを大切にすること
・自らの信念に忠実であること
これら４つのスタンスを大切にしていくことに他ならないと学んできました。

これらに反した働き方は、あなた自身はもちろんのこと、組織の仲間やあなたの大切な家族、だれも幸せにはしないといってまちがいありません。

第3章

楽しく「働く」ための6つのポイント

【本章でお伝えしたいこと】

- ❏ 「はた(傍)」を「らく(楽)」にするためには、自分自身が楽しく働いている必要があります。

- ❏ それでも、楽しさだけでは当然に不十分なわけで、そこには守るべき行動指針が存在します。
基本的ではあるが重要。
そんな行動指針のポイントを本書でお伝えしていきます。

- ❏ これらの行動を自分のものにするには時間がかかります。
ですが、大切なのは行動であり、その行動の継続です。
行動は継続することによって、意識改革へとつながります。
それを信じて進んでいってください。

1　ポイント①　基本は絶対に守る（ルール、約束、時間）

基本を守ることは信頼の大前提である

あなたは会社や学校に遅刻したことがありますか。

理由はいろいろあると思いますが、決められた時間に遅れることで、あなた自身がその日１日を不快に過ごした経験をお持ちではないでしょうか。

自分の不快さだけではなく、あなたの遅刻によって迷惑を被る人もいたのではないでしょうか。もちろん、電車の遅延など不測の事態が起こった場合は仕方ありませんが、あなたの遅刻が純粋に自分のせいであるならば、気分は相当程度に暗くなるはずです。

基本を守れない人は、組織や社会のなかでの立場が悪くなります。

ほとんどの会社には「就業規則」と呼ばれるルールが存在します。就業規則に違反した場合には、最悪解雇されるおそれもあります。あるいは、社会で生活することそれ自体にも、法律や倫理などのさまざまなルールが適用され、それらはしっかりと守られなければなりません。

指定された喫煙場所以外ではタバコを吸わない。執務エリアでの飲食禁止。さらに、非常に厳しい会社では服装などのルールもしっかりと定められています。

このようなルールを守れるかどうかが、あなたへの信頼と直結しています。

最近は「多様化の時代」ともいわれるように、私たちの働き方も多様になりつつあります。特に昨年からのコロナ禍によって、自宅勤務の割合も上がってきています。それでも社内で決められたルールは守らなければなりません。リモートワークだからといって勤務時間を無視して好き勝手に働くようなことは、ルールアウトの可能性が大といえますので注意が必要です。

守れない約束はしない

時間やルール以外にも、資料や提案書の作成、社内の打合せ、お客様とのアポイント。仕事には実に多くの約束が存在します。スケジュールや締め切りは、仕事にとっての「目安」などではなく、そこで行う／そこまでに終える、そのことを周囲に対して約束したことを意味しています。

かつて、スケジュール変更を頻繁にしてくる同僚がいました。その変更によって、多くの仲間が自分のスケジュールを見直す必要に迫られました。しかし、本人には他人に迷惑をかけているとの自覚がなく、自分のことばかりを考えているのでした。

私はあるとき、周囲への悪影響について意識を向けるよう忠告申し上げたのですが、最初は何をいわれているのかわからなかったようです。悪意はなかったとしても、これでは信頼など決して得ることができません。

あるいは、会議によく遅れてくる後輩がいました。どんなに遅くとも開始時刻前には着席する。それが大前提であるにもかかわらず、5分くらい過ぎてから顔を出すのが当たり前。ちなみに彼は残業時間が長いことでも有名で、時間というものに対する意識が非常に低い人物でした。もちろん、周囲からの評価も低いままだったことを記憶しています。

約束を守ることは仕事に必要な最低限の条件

このように、約束を守ることは仕事に必要な最低限の条件です。

約束を守れず信頼を得ることができなければ、周囲ともコミュニケーションもうまくいかない。業務の調整にも必要以上に時間がかかる。一度で済む説明が何度も必要になる。こうしたリスクが一気に顕在化することになります。それは何としても避けるべき事態です。

最後に、つまらないことかもしれませんが、私が会社員だった時代に、特に不快に感じた場面をお伝えします。

多くの社員が、会社のビルに入ったにも関わらずイヤホンを外さずに、守衛の方の挨拶も聞こえないそぶりでエレベーターに乗り込んでいく場面です。

ビルに入るところから仕事ははじまっています。誰に会ってもおかしくありませんし、あなたの素行に着目する人もいるかもしれません。特に守衛の方々への挨拶は社会人としての常識であって、それを軽視するような人間が周囲からの信頼を得られるとはとうてい思えません。

自分が勤めているビルのなかに入ったら、笑顔で挨拶する心がけを忘れてはいけません。

それも大切な基本であると私は信じています。

2　ポイント②　歯車にならずに自分で考えること

歯車にならないということ

働くことは、指示されたことを単純に行うことだけではありません。

喜劇王と言われたチャーリー・チャップリンが監督、脚本、主演した映画『モダン・タイムス』（1935年）をご存じでしょうか？

もう85年以上前の名作です。ご覧になった方は少ないと思いますが、チャップリンがベルトコンベアーで流れてくる部品のネジを必死になって回し続ける。そのシーンは記憶にあるかもしれません。私がとても好きな映画の1つです。

考えもせず同じ仕事をひたすら続けることは労働者（人間）の尊厳を奪ってしまう。それこそが、チャップリンが映画に込めた主張であると私は理解しています。歯車になるということは、まさに『モダン・タイムス』が示したように、人間の尊厳を奪うことに他ならない。指示されたことを、疑問すら抱かずにひたすら続けること。それは、人間の大切な能力としての考える力、改善する力を放棄することを意味している。それを続けていると、私たちの人間性そのものが大きく損なわれる結果になりかねない。

だからこそ私は、指示されたことだけをこなす働き方に疑問を抱いているのです。

〔図表5　日本企業の仕事への熱意度〕

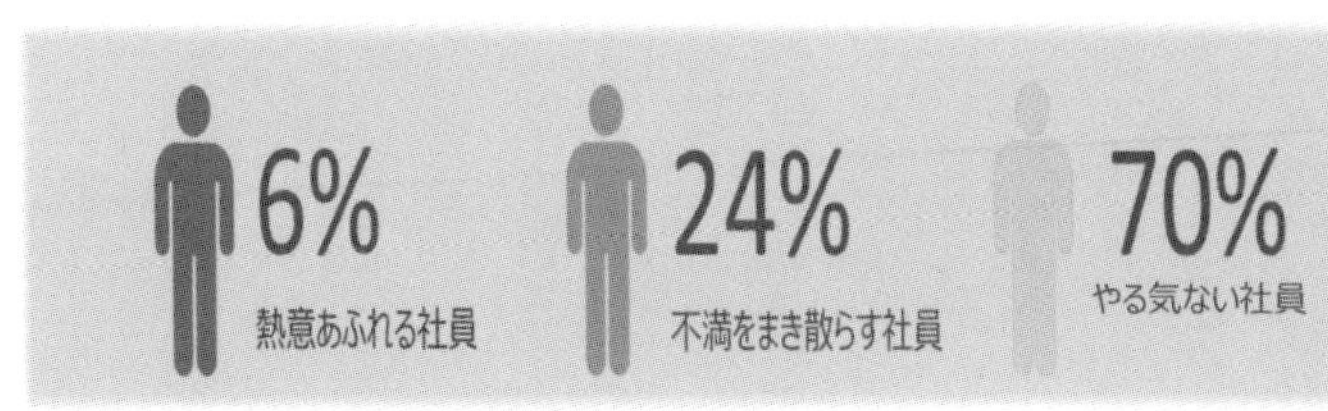

働くうえで大切なのは、何をおいてもこの部分です。

たとえ指示された事柄であってもまずは自分の中で咀嚼して、消化して、善し悪しを吟味して、そのうえで行動することが必要なのです。

仕事に対する熱意にも影響する

2017年5月26日付けの日本経済新聞電子版の記事には、「日本企業の現状」とタイトルのもと、米国・ギャラップ社が従業員のエンゲージメント（仕事への熱意度）を調査した結果、日本は「熱意あふれる社員」の割合が6％しかいない、対象の139か国中132位という衝撃的な内容が載っていました。

さらに「周囲に不満をまき散す無気力な社員」の割合は24％、「やる気のない社員」は70％もいたそうです（図表5）。

働いている人のほとんどに熱意がなく、だとすれば、本書がお伝えしてきたように、そこから出てくる成果物は決してよいものにはならないといえます。

ちなみに、この調査では、社員が熱意を失う原因はすべて上司にあると結んでいます。

その背景としては、今から30年以上も前のマネジメントスタイルをいまだに適用している点が指摘されており、その結果、「上司から指示されたことを口答えせずに確実にやればすべてうまくいく」。そんな勘違いが未だに蔓延しているというのです。

私が長く勤務した米国では、どのように結果を出すのか。どのようにして部下を育成するのか。それを上司と部下が一緒になって議論し、実践していく。そのようなサイクルを生み出すことが、マネジメントという上司の重要な仕事になっています。

日本の古風なマネジメントスタイルとは、同じ言葉を使っていても似て非なるものができあがっています。

あなたはこの調査結果をどのように受け止めますか。

私は、社員教育の重要性を改めて認識しました。上司と部下が対話を重ね、全社員が一丸になれる環境づくりをしなければ、日本の企業からは今よりもさらに熱意がなくなっていくと強い危惧の念を抱きました。

ミドルマネジメント層を含めて、本来のリーダー教育を早期に確実に行わなければ、組織のなかに共感と共有は生まれません。

そのためにあなたも、自分に何ができるかを考えてください。

それは熱意を生み出すとともに、あなたから歯車になるリスクを遠ざけてくれるはずです。

3　ポイント③　信頼感をすべてに優先させる

成果の高い仕事は信頼感からはじまる

信頼感、もしくは、職場の大切な仲間との信頼関係は、働くうえで何よりも重視すべきであり、早期に構築しなければならないものです。私自身はすべてに優先すると考えています。

仕事とは人がするものであり、人間性によって大きく左右されます。お客様とのミーティングや企画などの提案、あらゆる場合に約束の期日を守ること。誠実に対応することこそが、お客様との信頼関係を築き上げます。日々の言動や振る舞いの積み重ねが、社内外での信頼感の構築に大きく影響します。

小さなことかもしれないコンビニエンスストアでの買い物の仕方、あるいは通勤時の振舞い。そうした点にもしっかりと意識を向けていきます。

あなたの誠実な態度、それにもとづく信頼関係が、仕事の大事な局面でも活きてくるのです。そのうえで、チーム全体としての信頼の醸成を考えていきます。そのために必要となってくるのが、「心理的安全性」の確保です。

Google の Re:work というウェブサイトでは、「心理的安全性」とは、仮に「無知、無能、ネガティブ、邪魔だと思われる可能性のある行動をしても、このチームならば大丈夫だ」という信頼感を意

〔図表6　ニューヨークタイムスの記事'（The New York Times, FEB. 25,〕

The New York Times Magazine

THE WORK ISSUE

What Google Learned From Its Quest to Build the Perfect Team

New research reveals surprising truths about why some work groups thrive and others falter.

味していると記載されています。

あなたの会社や組織を例にとります。

日本の組織では、ある方向性を出すことを目的としている会議で、自由に発言してよいとされていても、上司が方向性や意見を出すと反対する意見や、別のアイデアを出せない空気が充満しています。それらを出すことによって、他者から余計な発言だと思われたり、あるいは、上司から反対論者と見なされ、仕事や評価にマイナスの影響が及んだりとの危険があるかもしれません。

こうした組織には明らかに、「心理的安全性」はないと断言することができます。

「心理的安全性」は仕事の成果にも影響を与える

2012年に、米国Google社が効果的なチームづくりのためのプロジェクトである「アリストテレス・プロジェクト」を立ち上げ、Google内で動いている数百ものプロジェクトの精査をしたところ、内部の「心理的安全性」が高いチームほど仕事の成果が上がることを突き止めました。これを機に、世界の企業で「心理的安全性」の重要性が叫ばれるようになるのです。

しかしながら、今の日本では、このような認識がまだまだ十分ではありません。先ほども見てきたとおり、上司のマネジメントは旧態依然としており、「上意下達」をよしとする風潮が強くはびこっているといわざるを得ません。これもくり返しにはなりますが、特に社内での会議の場は大きな問題で、自由に議論できる風潮はほとんど皆無といってよい状況であり、それは立場が下の社員に対して心理的な不安を強く抱かせることになります。

反対意見を述べることは、あくまでその人の「意見」に対して反対しているだけにもかかわらず、その人の「人格」を否定していると誤解する人が少なくありません。まったく想定外のポイントで、誰かの心の怒りのスイッチを押してしまうかもしれない。そんな不安に満ちた会議を行うチームに大きな成果を期待することなどとうていできません。

このような状況では、世界からどんどん遅れをとるばかりです。

世界の企業では、年齢、性別、国籍、障がいの有無などにかかわらず、多様な価値観や働き方を最大限に尊重しようと努めています。Googleは、そのような企業の先頭を走っているといえます。このままでは仕事の成果にも圧倒的な差が生まれ、日本の経済は縮小の一途をたどるはずです。

ここから立て直してくためには、あなたが信頼感をしっかりと築くこと。

そして、信頼の輪をチーム全体へと広げていくこと。そんなあなたの動きが必要になってきます。あなたの信頼感がすべてのはじまりになるのです。

個人のパフォーマンスと組織全体としてのパフォーマンス

特に若いうちは、前者にだけ関心が向くのも仕方がありません。ここまでお伝えしてきたように、私も私自身のパフォーマンスにしか関心がありませんでした。本当の意味で、組織としての成果を考えるようになったのは、管理職を意識しはじめた頃だと思います。自分の成果にこだわることで、自分の成長を促進することができたかもしれません。

ですが、組織としてのパフォーマンスにまで十分に意識が向かなかったことで、成長が遅れた部分もまちがいなく存在します。

こうした反省があるからこそ、私は今、あなたに信頼感の大切さをお伝えしています。あなたが組織のメンバーからたしかな信頼感を獲得すること。その信頼感をもとにメンバーとのコミュニケーションを深め、相互に抱く信頼感の輪をできるだけ大きくしていくこと。そのようなあなたの動きによって、チームに「心理的安全性」が生まれることになります。さらに、お互いが誠実に働き続けることによって信頼がさらに蓄積され、「心理的安全性」はさらに強さを増します。そこまでいくと、会議でも自由な発言ができるようになってきます。

具体的には、自分とのちがいを大切にすること。

異なる意見を頭から否定するのではなく、ちがいが生じている理由に着目し、その根を深掘りし、着地点を探っていくこと。それを日々しっかりと実践していくことが大切です。

まずはあなたが多様性を受け容れる人材になること。それをぜひ意識してください。

4　ポイント④　笑顔の似合う人になる

「らく（楽）」には笑顔が大切である

いきなりですが、笑顔は究極のコミュニケーションツールだと信じています。

そんな究極のツールは、今からすぐに、何の投資や準備も必要とせずはじめられる点で、非常にすぐれているといえます。

いつも笑顔が溢れているチームは、前向きに物事を進めることができ、社内外ともにコミュニケーションが良好になり、すべてがよい方向へ向かっていくことになります。

何より、笑顔が笑顔を生みだし、周囲の雰囲気を明るくするという効果もあります。そんな笑顔のループを実現することが、チームの１つの理想といって差し支えありません。

笑顔のループによって、高い生産性やモチベーションが保たれます。

つまり、あなた自身はもちろんのこと、チーム全体にとっても仕事を成功させる鍵になるのです。

リーダーの性格にもよりますが、こうしたループを築くのはメンバーの役割でもあります。まずはあなたが率先して、職場が明るくなるよう笑顔を振りまいてください。

自分が笑顔になれば、自然と相手も笑顔になります。口角を思い切って上げるだけで、あなたの周りに多くの笑顔が生まれるのです。

そして、辛い状況や厳しい局面になっても笑顔でいる努力を重ねること。

ほんの一瞬でもよいので、鏡を見ながら、目一杯口角をあげて、笑顔をつくってみてください。気分がとてもすっきりして、仕事にもきっとよい影響を与えるはずです。

しかし、日本では、笑顔でいると「ふざけている」「真面目に働いていない」などと、つまらない指摘をする人も少なくありません。ですが、そのような方々は、笑顔の魅力や活用の方法をまったく知らないのです。職場にそんな方がいましたら、あなたの笑顔で雰囲気を変えてみてください。

米国で再認識した笑顔の大切さ

アメリカで勤務していたころは、本当に苦しいことの連続でした。

しかし、その分だけ、たくさんの素敵な笑顔に救われました。アメリカという国は、社会全体が笑顔でいることを是としていますので、誰もがとても気持ちのよい雰囲気で仕事をしていました。仕事だけではなく、道で会う知らない者同士も笑顔で挨拶します。

たとえば、エレベーターで一緒に乗り合わせたときや、飛行機などで隣り合わせになったときは、笑顔で挨拶することが当たり前になっています。運がよければ、そこから会話がはずむなどして、旅の道中を楽しくすごすこともできます。

「私はあなたの敵ではないので、危害を加えませんよ」。

笑顔とはその合図にすぎないという人もいますが、私はアメリカの雰囲気がとても好きでしたし、日本でもそうするべきだと感じていました。職場の毎日が笑顔の挨拶からはじまる。それは本当に素敵なことです。イヤホンをしたまま不愛想に席に着く日本とはまったく別世界です。アメリカをドライな国だと感じる人も多いと思いますが、思考のドライな部分を笑顔のコミュニケーションで補っていると考えれば非常に納得がいきます。

笑顔のない人は目立ってしまうのがアメリカ。逆に、笑顔でいると浮いてしまうのが日本。あなたはどちらがよいと思いますか。

笑顔をふざけていると考えるのは明らかに誤り

悪い意味での、古い慣習の名残であると思っています。もちろん、大声で悪ふざけする笑顔では問題ですが、にこやかに会話をしている接客や打合せはむしろ好印象だと思います。先ほどの逆で、笑顔がないチームは負のスパイラルに陥りやすいのです。

笑顔のない職場は雰囲気が暗い、苦しい、厳しい。社内外ともコミュニケーションが機能しなくなり、生産性が落ちていきます。

そうなると、モチベーションも落ち、質の高いアウトプットが生まれないために、顧客満足度や従業員満足度も落ちていきます。結果的にストレスも多く発生し、心の病にもつながっていきます。

だからこそ、あなたも今から笑顔を究極のツールとして活用してください。

笑顔が似合う人は本当に格好いい。心からそう思っています。

5 ポイント⑤ 常に夢を持ち続けている

古い歌謡曲が教えてくれること

『いつでも夢を』という古い昭和歌謡があります。

今では考えられないほどの大ヒットを記録し、その年の日本レコード大賞をまで受賞しました。リリースされたのは今から半世紀以上前の1962年。歌っていたのは橋幸夫と吉永小百合の2人。今でもご活躍されていますが、当時は飛ぶ鳥を落とす勢いの大スターでした。

メロディも歌詞もとてもよく、聴いているだけで元気が出てきます。2人のデュエットが奏でるメロディはとても優しい旋律で、歌詞も素敵な言葉が溢れています。

「どんなに悲しいときでも、心に夢を持つことによって希望につながる」。

要約すると、そのようなメッセージになるでしょうか。

機会があれば、あなたもぜひ聴いてみてください。カラオケボックスでも歌うことができます。失礼しました（笑）。ここは唄ではなく言葉の話です。

私があなたに伝えたいのは、いつでもあなたが心のなかに夢を持ち続けること。そのスタンスを何より大切にしていただきたいと思っています。そして、あなたが心に抱く夢は、何も1つとはかぎらないでしょう。夢はいくつあってもまったくかまいません。むしろ、夢は多ければ多いほどあなたに多くのポジティブな効果をもたらしてくれます。

たくさんの夢を持って生きていくことが張り合いにつながります。自分自身の夢、仕事の夢、家族の夢など、それぞれを要素分解すると、チャレンジリストのようなものができあがります。このチャレンジリストにしたがって、あなたは毎日の仕事を通じて、実現の方法を考えていくことになります。

だからこそ、どのような夢であれ、それを持っていることが重要なのです。

夢は更新し続けることが大事

夢は常に更新もしくは進化させていく必要があります。

もちろん、ずっと同じ夢を持ち続けることも大切ではあるのですが、あなたの成長など、状況の変化によって、持つべき夢の性質も必然的に変わってくるはずです。

たとえば、子供のころに考えていた夢。

それはどちらかといえば、漠然としたものだったのではないでしょうか。

同じ夢を今持ち続けていたとしても、かなり具体性が増しているのではないでしょうか。

このような変化にしっかりと対応すること。自身の成長や環境の変化などを適切に反映しながら、常にフレッシュでエネルギーに満ちた夢を持ち続けること。そのような働き方ができるとしたなら、とても素敵なことだと思いませんか。

このような夢の更新を続けていくためには、共通の夢を追いかける仲間の存在が重要です。そんな仲間と切磋琢磨することで、日々の仕事に張り合いがでることはもちろん、成長の速度をぐっと早めることもできます。

この組織をこのように変えたい。もっと新しい仕事をしていきたい。そのためにはもっと成長が必要だ。そんなことを議論するだけでも十分です。

1人よりも2人、2人よりも3人。そんな夢の輪を広げていくことも大切です。

何より、「夢」を共有できる仲間がいることで、組織改革の可能性が高くなっていきます。私自身の経験を振り返るならば、私は「会社をさらによい方向へ変えたい」という夢を強く持っていました。さまざまな仕事の分野や角度から、夢の実現方法について、多くの友人たちと議論してきました。

それは本当に張り合いのある日々でした。そして、多くの仕事をやり切ることができました。いつも広がっているような気分でした。充実感、モチベーション。そんな言葉が私のなかに、実現できたことはわずかでしたが、勉強会を通じて行っていたことは無駄ではなく、自分たちが所属している組織を自分たちの働きでよい形にしていくことは最高の夢の実現だと思います。

そのような確信を、当時の取り組みを通じて抱くことができました。

だからこそ、ここでくり返します。

あなたもぜひたくさんの夢を持って働いてください。そのような働き方を、ぜひとも、いつまでも、続けていってください。それがあなたに多くの力を与えてくれるはずです。

6　ポイント⑥　成功するという想いを持って働く

強い想いが成功への鍵である

私は、プロジェクト・マネジメント・プロフェッショナル（ＰＭＰ）という国際認定資格を持ち、プロジェクトの専門家として永年働いてきました。

現場を離れた今でも、多くのセミナーや研修を通じて、これまでの経験をもとにプロジェクトを成功させるための極意を多くの人に伝えています。プロジェクトというのは定常業務とちがって、ある一定の期間内にはじまりとおわりがある有期性の仕事になります。

したがってプロジェクトを進めていくためには、「はじまり」と「おわり」の双方を関係者全員に宣言しなければなりません。

プロジェクトがはじまるときに、参加するメンバー全員に約束してもらったもっとも重要な点は、この項のポイントでもある「成功するという想いを持つ」ことです。

このことは、働くうえで非常に大切であると私は考えています。

手掛けた仕事は何があっても絶対に成功させる。何があっても絶対に成功へ導く。

私自身、そんな強い想いを持ってプロジェクトをリードしましたし、多くの仲間が共感してくれ、たくさんのプロジェクトを実際に成功させることができました。

こうした強い想いがあるかどうかで、結果は本当に大きくちがっています。

あなたもこれまでの自分をふり返ってみれば、「絶対に第一志望の学校に合格する」「次の試合は絶対に勝つ」「希望の資格を絶対に取得する」、そのような想いがしっかりと備わっているときほど、結果に結びつたのではないでしょうか。

想いがあるから成功する、とまではいい切れません。

ですが、強い想いがあることで成功の確率がぐっと高まる。これは明らかに真実です。

だからこそ私は、大きなプロジェクトの場合には、メンバーに強い想いを持ってもらえるように、スタート時にあえて意識して働きかけていました。

強い想いをしっかりと抱くために

強い想いを持つことが必要だ。それはよくわかったけれど、いったいどうやったらそんな想いをしっかりと持つことができるのだろうか。

もしかしたら、あなたはそんな疑問を抱いたかもしれません。

たしかに、言葉でいうだけでは、誰もが簡単に強い想いを抱くようになることはありませんし、それをプロジェクトの期間中ずっと抱き続けることは、さらに難しいといえます。

強い想いを持ち、それを持ち続けること。それには秘訣があります。

具体的には、仕事のあらゆる側面に対してポジティブな疑問を持ち続けることです。

本当にこの方法で成功するのか？　他にもっとよいやり方はないか？　そもそもどうした今回の方法が採用されたのか？　今の予定で納期までに間に合うか？　見直しの必要はないか？

プロジェクトに参加する全員が常にそのようなポジティブな疑問を抱きながら行動することで、プロジェクトは常に形を変えながらも、まちがいなく成功へと向かうべく、よいパフォーマンスを全員が重ねながら進んでいくことになります。

このような思考と動きこそが、重要なプロジェクトを成功へと導くための必要十分条件であるといえます。

たとえば、サッカーにしても野球にしても、選手、監督、コーチなど関係者全員が今日の試合に必ず勝とうと全力で取り組んでいます。

そして、勝つためには何が必要であるかと常に頭のなかで疑問をくり返しています。そうして最適な手段を常に探し求めています。

このような想いがないと、よいパフォーマンスは決して発揮されません。

「勝つ」「成功させる」「よい仕事をする」、想いはすべてに共通しています。

強く想うことによって、試合中どんな状況に陥ったとしても、勝つためには何をなすべきかを冷静に考え、確実に実践し、そんな挑戦をくり返すことによって、最高のパフォーマンスが実現されるのです。

そしてこれと同じことは、あなたの仕事にもまちがいなくいえることなのです。

【本章のまとめ】

本章では6つのポイントをお伝えしてきました。

① 基本は絶対に守る

ルールや約束などを守ることは、楽しく働くことの基本です。

② 歯車にならずに自分で考える

与えられた仕事でも、自分自身で噛み砕き、理解を深めて、楽しんでしまいましょう。

③ 信頼感をすべてに優先させる

何をするにも信頼感が大事です。最優先で考え、常に自分の行動で信頼を獲得していきましょう。

④ 笑顔の似合う人になる

あなたの一番自信のある顔が笑顔になります。そして周りも笑顔になります。

⑤ 常に夢を持ち続けている

夢に向かって動くことでポジティブに生きられます。

⑥ 成功するという強い想いを持って働く

成功させるためには、どうしたらよいかを考えます。それが自分とチームをよい方向へ進化させます。

第4章

「働く」ことのさらなる楽しみ方

【本章でお伝えしたいこと】

- ❏ 入社が決まり、いよいよ社会人としての本当のスタート、「働く」ことが始まります。

- ❏ 上司や先輩方は、あなたをどのように育てていくべきか、いち早く戦力に育て上げるためにはどうしたらよいかと、毎年頭を悩ませています。

- ❏ 働きはじめるあなたは、上司や先輩方の期待に応えながら、入社から配属に至るまでに、社会の荒波にも負けないだけのたしかな基礎を固めていきます。

- ❏ 本章では、主に最初の3ヶ月間に焦点を当てて、あなたが楽しみながら、いかにたくましく育つことができるのかを、わかりやすくお伝えしていきます。

1　新人研修期間の楽しみ方

しっかりと学び、しっかりと楽しむ

入社式が終わると、ゆっくりする暇もなく配属までの研修期間へ突入します。コロナ禍の影響で集合形式からオンライン形式の研修実施に切り替えた企業も多いかもしれませんが、これまでは研修所に泊まり込んでの集合研修が一般的でした。

毎年4月1日にビジネス街を歩いていると、大きなキャリーケースや旅行カバンを持った多くの新入社員の姿を目にします。ビジネススーツに白いブラウスかワイシャツを身につけ、それだけで入社式を終え研修所に向かっていく途中であることが推測されます。誰もが少し緊張した面持ちで歩いている。それがとても印象的でした。

研修期間とはいえ、あなたはすでに「働く人」になっています。学びの時間ではあるものの、仕事をはじめるための大切な準備期間です。だからこそ、あなたは研修期間中であっても給料を受け取ることができます。

それを単にラッキーと捉える人はいないと思いますが、自らの責任を自覚し、1分たりとも時間をムダにすることなく、少しでも成長した姿を会社に示すことによって、期待に応えていく必要があるのだといえます。

学びのメニューである新人研修のプログラムは、一般的には次のような内容になっています。

企業内の研修センター（伊豆や箱根が多い）に集合し、オリエンテーションの後、会社の歴史や経営理念、ビジョン、経営方針などを総務部長が講演する。その後に各部門から部門の業務内容が紹介される。このときもっとも睡魔が襲ってきますので、よい緊張感を持って集中しましょう。

それが終わると、小グループに分かれてグループワークが何度か行われます。その合間に外部の研修講師によるセミナーや講演、性格診断、またはストレングス・ファインダー等のコーチングが入ります。

最近では、新人のアウトプットを重視するプログラムを組んでいる企業もありますが、多くは昨年と同容のプログラムを行う場合が多く、使い回し感もあり少々残念だったりもします。

楽しむための学び方

さて、あなたはすでに「働く人」＝社会人ですから、学生時代のように、無難に研修（授業）を受けていればよいわけがありません。

先ほどもお伝えしたとおり、見習い期間（試雇期間ともいう）とはいえ、給与も発生しますので、企業人・社会人としての自覚が必要です。

自覚ある行動のためには、研修期間中に実践すべきこと、どんな知識を身につけたいのか、どんな話が聞きたいのかをあらかじめしっかりと考えておくこと。さらに、それを明文化しておくことが必要になってきます。

研修プログラムの内容を理解することは当然ですが、すべてを記憶する必要はありません。大切なのは、説明のポイント＝本質をつかむ努力を意識的に行うことです。特に会社の得意分野、力を入れていること、将来へのビジョンなどは、あなたが配属されたあとで重要になってきます。聴き逃しのないようにしてください。

もう1つの大事な取り組みは、社内のネットワークづくりです。

一緒に研修を受けている仲間は「同期」と呼ばれ、会社のなかでは、よきにつけ悪しきにつけ、長きに渡り付き合っていくことになります。あなたが信頼関係を構築するメンバーにもなります。

悪しきにつけと書いたのは、ときとして激しいライバル競争がくり広げられ、場合によっては足の引っ張り合いになってしまう場合もあるからです。

そんなことが起こらないように、研修中から十分に信頼感を築いてください。同期という存在は、あなたを圧倒的に助けてくれることが多く、だからこそ信頼に足る仲間となるわけです。

また、社内講師や事務局メンバーの顔と名前、所属を覚えておくと、これから何かの機会などで助言をもらえるかもしれません。外部講師には名前を名乗って質問するとよい経験になります。

あなたの積極的な姿勢や行動は、周囲にもよい影響を与えます。

意識してほしいのですが、自分の利益だけを考えた打算的な目立ち方はすぐに見透かされます。かえって逆効果になりますので気をつけてください。

2　初出勤の緊張感の楽しみ方

緊張と喜びのはざまで

新入社員研修が終わり、いよいよ配属先が決まりました。

これから自分がやっていく仕事が明確になり、さらに働いている自分のイメージも浮かんできて、あなたの心にはたくさんのよろこびが生まれているはずです。なかには、希望とはちがった部署に配属されてしまい、悔しい思いをしている人もいるかもしれません。それでも、働けるというのはそれ自体が素晴らしいことです。すでにお伝えしたように、積み重ねた経験は必ずあなたの未来のエネルギーになります。そのことをぜひ思い起こしてください。

それでも、はじめての出勤は誰にとっても緊張に満ちた瞬間です。

所属先のフロアへ足を踏み入れるとき、あなたの緊張感はマックスに高まることでしょう。

だからといって、臆することはありません。というより、何があっても臆するようではいけません。あなたはこれからの長い期間をこの配属先ですごすことになるのです。組織やチームの一員として恥ずかしくない振舞いを、この瞬間からしっかりと実践していく必要があるのだといえます。

大きな緊張感のなかでも、恥ずかしくない振舞いをしっかりと示していく。

そのためには、格好をつけようとするのではなく、あるいは、自分を偽ることなく、あなた自身をありのままに表現していくことが大切です。あなたらしさを出すことによって、その後の所属先での生活をムリなくストレスなくすごしていくことができます。そのための最初のアプローチこそが、初出勤というイベントなのです。

はじめに恰好をつけてしまうと、本当の自分を出すタイミングを見失います。

その躓きは、まるでボタンの掛け違えのように、その後のずっと尾を引くことになります。

信頼関係の構築も初日からはじまる

前章で、信頼関係がすべてに優先するというお話をしました、

職場での信頼関係づくりの第一歩を、あなたは初出勤の日にふみ出しています。

直属の上司、指導係（メンター）を務めてくれる先輩、それ以外の一緒に働く多くの仲間たち。

こうした方々との信頼関係は、彼ら／彼女らがあなたを目にしたその瞬間からはじまるのです。

信頼関係構築のポイントは、すでにお伝えしたのでここではくり返しません。

いきなりすべてに対応することはできなくても当たり前ですが、意識し続けることはできます。

そのような意識を持ち続けることで、無理なく自然な形で溶け込んでいくことができるでしょう。

自分の意見を持つことは大切ですが、悪い意味での自己主張／権利の主張とは大きく異なっています。

新入社員としては、まずは謙虚に、先輩方の話に耳を傾けることをおすすめしています。

とはいえ、初出勤の日はあなたに1日中スポットライトが当たっています。お昼休み、休憩中も、色々と質問が浴びせられ、注目が一手に集まります。そんなことは最初で最後ですから、多少面倒だとは思っても、堂々と主役の座を楽しんでください。

午後には社内の挨拶回りもはじまることでしょう。配属前のあなたは単に「新入社員」でしたが、配属先が決まると「○○課の新入社員」になります。直属の上司が社内の関連他部署に連れて行き、あなたの紹介がはじまります。あなたの頭の中は初日に覚えることですでにパンク状態でしょう。だからこそ、休憩時間などを活用して、どこに行って誰に挨拶したかをメモしておく必要があります。あとで挨拶したかどうかがわからなくならないよう、工夫を重ねてください。

職場の方々は、あなたの入社を心待ちにしていました。

どの時代であっても、新入社員が入ってくるということは、会社の将来の成長に関与することを意味しており、職場のメンバーにとっても一大事なのです。期待しているからこそ歓迎するのです。新入社員が配属されるだけで、職場の雰囲気も大きく変わります。

指導係に任命されたりすると、モチベーションが急激に上がる社員もいました。それだけの影響力があるということです。

私も自分の職場に新入社員が毎年入ってくることを希望していました。

環境の厳しい時期であっても、企業には定期的な採用が必要です。新陳代謝は組織の活力を生む。そのような期待を背負って採用されていることを、ぜひとも心にとめておいてください。

3　自己紹介の楽しみ方

自己紹介は最初の難関

あなたにとっての最初の難関は、職場のメンバーの前で行う自己紹介ではないでしょうか。面接のときからくり返し、人前での自己紹介を何度となく経験してきたことでしょう。しかし、配属後に行う自己紹介は、採用面接のそれとは明らかに目的がちがいます。採用面接は、とにかく通過することが目的であって、そこから先のことまでは意識せずに済みます。

しかしながら、職場はあなたがこれから長い時間をすごす場所であり、自己紹介の影響はかなりあとまで尾を引くおそれがあります。その途端、あなたのなかで緊張が高まります。関連部署での自己紹介もまた、同じように将来のあなたに影響を及ぼすことになります。仮に好印象であれば、実力以上の期待が寄せられるかもしれません。反対に、あまりよい印象を持たれなかったときには、マイナスの影響を回復するまでに時間がかかるかもしれません。どちらにしても、あなたにとってはプレッシャーの種となるのが自己紹介です。

私も最初の配属先での自己紹介で、ひどく緊張したことを覚えています。何を話したのかまでは覚えていませんが、それも緊張のせいだったのかもしれません。

ちなみに、今でも研修やセミナーの講師として登壇するときには、冒頭に自己紹介が用意され、そこでもひどく緊張を覚えます。何も悪いことはしていないのですが、受講生の視線を浴びると、これからの時間、しっかりと講義をしなければならない。そんなプレッシャーが湧いてくるのを、おそらくは本能的に感じ取っているのだと思います。

それでも、できるだけこの緊張を楽しもうという努力だけは続けています。緊張を楽しむことで、自分のなかの胆力を感じることができ、少なからず自信を持つこともできます。

どのように緊張を楽しんでいくか

だからあなたも、できるだけ緊張を楽しむように心がけてください。

そのためには、意識的に楽しむ訓練を重ねることが大切です。また、納得いく訓練のためには、適切な準備も必要になります。あなたの準備は、正式に配属が決まったその日からはじまります。まずは自分らしい自己紹介を頭の中に入れておくことです。長い時間を話す必要もありませんし、流暢に話す必要もありません。ただし、気持ちが言葉の1つひとつに込められているかどうかは非常に重要なポイントです。自分の想いをしっかりと掘り下げていきましょう。

技術面についていうと、コンテンツの組み方、訓練本の類はたくさん世の中に出ておりますし、自己紹介に特化したセミナーも多くあります。それらをうまく活用していきましょう。

あなたの自己紹介をもっとも効果的なものにしていくためには、事前にいくつかのバージョンを用意することをおすすめします。たとえば、30秒、３分、５分といった長さで、あなたを紹介するコンテンツを用意し、暗記するほどに練習を重ねていきます。それが自信に変わり、さらに楽しい気持ちへと変わっていくのだと思っています。

就職活動がはじまって以来、多くの自己紹介をこなしてきたと思いますが、今までのなかで一番うまく上手くできた。そういえるくらいの気持ちで臨んでください。それには練習あるのみです。

自己紹介は自分を印象づけるチャンス

自己紹介をお願いされると、いつも同じパターンで話す方を目にします。

それが悪いとまではいわないのですが、あなたにはぜひいくつかのパターン（ネタともいう）で話ができるよう、準備しておくことをおすすめします。出身学校、学生時代にしていたこと、趣味、これからの目標、そして最後は「早く会社のために戦力になるように頑張ります」という結びでは、みんなと同じになってしまいます。

今まで何をしてきたかより、どのような気づきを得て、それらを改善につなげ、今に至っているかを伝えるほうが、エピソードとしては魅力的です。

自己紹介はあなたを印象づけるチャンスです。緊張するので早く終わらせようと考えていると、あなたの言葉は届きません。だからこそ、何よりこの機会を楽しむこと。ここをチャンスととらえ、誠実な自己紹介ができるように準備をしましょう。

4　配属先における引き合わせでの楽しみ方

最初は職場でも研修が行われる

職場ならびに関係部署への挨拶が終わると、いよいよ本格的に業務がはじまります。最初は職場での研修というパターンがほとんどだとは思いますが、そのなかで詳しい業務内容、職場のルール、さらには人の動きといったことなどを学んでいきます。ここでもはやり、あせって全部をいきなり覚えようとするのではなく、頭のなかを整理しながら、1つずつ順番に、しかし、確実に、理解していけばよいのだとお考えください。そのためのノートを1冊用意することをお勧めします。時間が経たなければ見えてこないことなどもたくさんあります。意識していれば自然と身についていきますので、まずは覚えようという意識を持ち続けるよう努力してください。

具体的には、これからのあなたの仕事のスケジュールが示されることになります。

そのスケジュールにしたがって、1つずつ確実に理解していくことを心がけてください。

トレーナー制度（OJT）

企業によって異なりますが、新入社員が職場に配属されると、指導係もしくはメンターとして、年齢の近い先輩社員が指名される場合が多くあります。私が知っている企業では、トレーナー制度もしくはＯＪＴ（On the Job Training）制度と呼んでいるケースもあります。

オン・ザ・ジョブ・トレーニングとは、実務を通じて行う社員教育のことをいいます。

通常は入社3年目から5年目クラスの先輩社員が指導係に指名され、入社から2年ほどあなたを導く役目を引き受けます。困ったことや仕事上の質問だけではなく、働くことの面白さ、辛いときの脱し方など、生活の面での相談にも乗ってくれます。非常に心強い味方です。

トレーナーを積極的に活用し、自分の力へと変えていってください。何より、同じ職場の身近な同僚でもあるので、単なる一般論ではない具体的なアドバイスを受けることができます。

また、トレーナーの振舞いを十分に観察し、会社のよいところ／悪いところを見つけていくこともできます。

トレーナーとの信頼関係を構築する

トレーナーのなかには、はじめてその役割を担う人もいます。

もちろん、これまで何回か経験したというケースも十分に考えられます。あなたに必要なのは、経験の有無にかかわらず、誰が担当のトレーナーになっても、信頼関係をしっかりと構築すること。すべてがそこからはじまっていくのだと心得て、真摯に教えを請うこと。そのためには、言葉遣いや態度、ルールや約束を守ることを徹底してください。

知識がないことは仕方がありません。仕事ができないのも当然です。ですが、人として最低限の常識やマナーを守ることは、知識や経験がなくても十分に可能です。

だからこそ、最初のうちは、書類を期限までに提出するなど、トレーナーからの指示をしっかり守ることが最低の条件になります。くり返しお伝えしてきたとおり、ルールや約束を守れないのはそれだけで社会人として失格であり、あなたという人に対する信頼を大きく損なう結果になります。このような形で生じたマイナスは、なかなか払拭することができません。

むしろ、締め切りよりも早く提出してトレーナーに厳しくチェックをお願いする。それくらいの心構えでいたほうが安心といえるでしょう。

こうした基本を積み重ねていくなかで、「報告」「連絡」「相談」（ほう・れん・そう）と呼ばれる基本のスキルを身につけていきます。さらには、意識的に「ほう・れん・そう」に取り組むことで、社内でのコミュニケーション能力を鍛えることにもつながります。このように、些細なことも含めた日々の取り組みのすべてが、あなたにとってはよいトレーニングになるのです。

万が一、トレーナーと性格が合わないと感じた場合やハラスメント的な態度が見られる場合には、時間をあけずに直属の上司、人事部、他の同期などに相談してください。ひとりで悩むのではなく、周囲の力を頼りにすることです。

もっともよくないのは、自分さえ我慢すればいいという考え方です。これは一見穏当に見えて、実際には何の問題解決にもなっていません。あなたの悩みは他の誰かの悩みかもしれないのです。だからこそ、思い切って相談することが求められています。

5 先輩社員とのチーム作業の楽しみ方

チームというピラミッドを理解する

あなたが入社した企業は、日本型の経営スタイルをとっていると思います。

欧米型経営との大きなちがいは、しっかりとしたヒエラルキーがあるか、あるいはフラット型か、その点にあるといって差し支えありません。

伝統的な日本企業の経営スタイルには、正直なところ最初はとまどうかもしれません。授業や書籍で組織の形については学ぶことができても、その内部のかなり複雑な関係性については、実際に経験しないとわからないことが多いといえます。

まずは直属の上司という存在ですが、次ページの図表7のようなピラミッドを思い浮かべてください。あなたは新入社員ですから一番下に位置づけられます。その上に主任職、係長職、課長職、次長職、部長職、役員、社長と、職位が上がるに従い人数が少なくなっていきます。

この組織図の階層は、1つには、社内申請や稟議などの決裁ラインとして、最終決裁者が社長になるケース（このような仕組みをエスカレーションといいます）、そしてもう1つは、通常業務のレポートラインとして、各々用いることになります。

通常の業務報告をあなたが行う場合は、まずは主任職へレポートする流れが一般的です。

〔図表７　一般的な日本型組織の階層〕

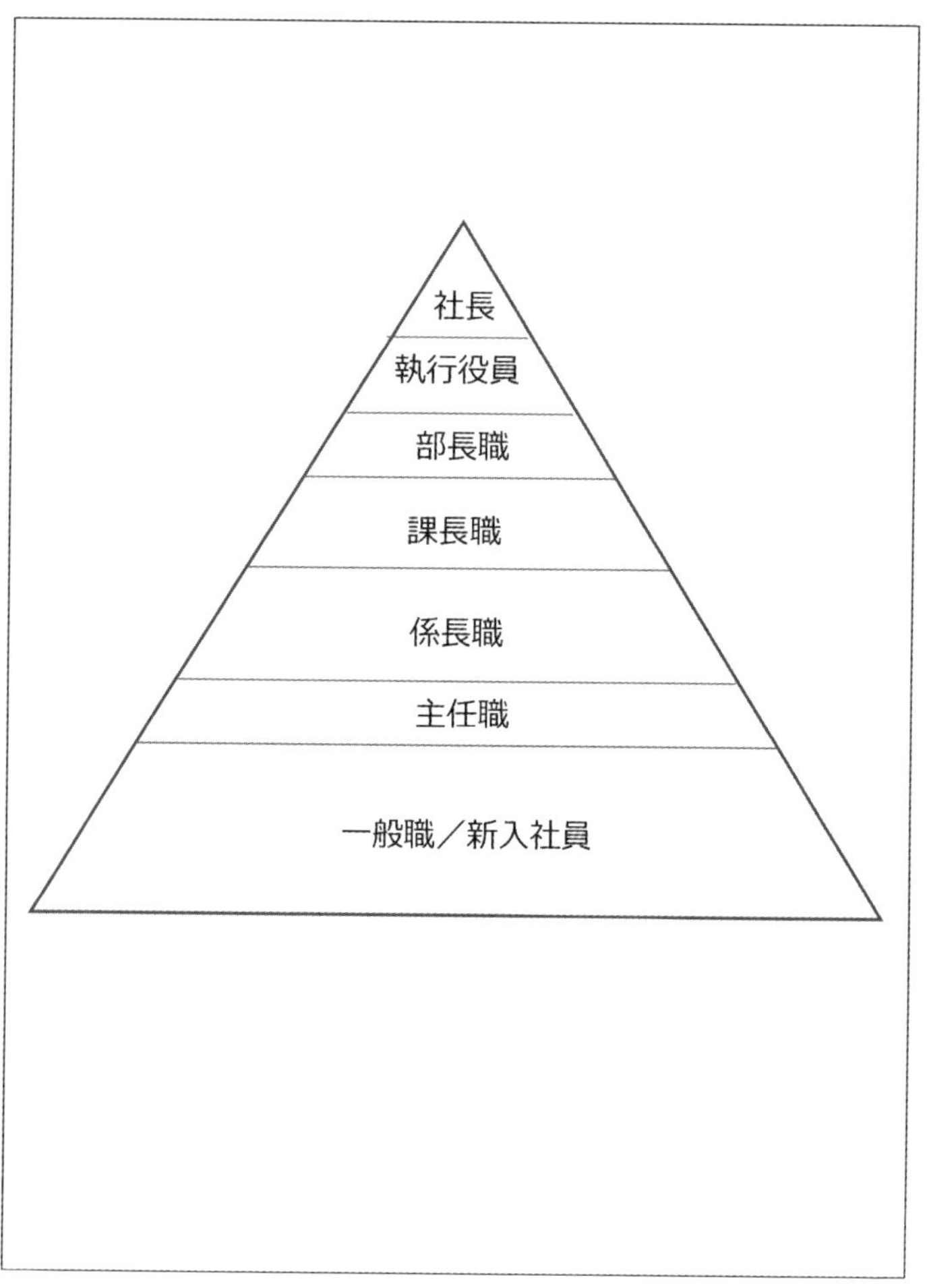

組織によっては、このピラミッドをとても重んじるところもあります。配属が決まったらいち早くレポートラインの取り扱いを確認してください。たとえば、下からの順番を飛ばしての報告は受け付けないのか、それとも人によるのか、などといった点です。

とても細かい注意なのですが、このような序列順にとてもこだわる上司がときどきいますので、気をつけてください。ただし、最近の日本企業は欧米系の企業にならって、できる限りフラットに組織運営を行おうと努力していることはだけはまちがいありません。

ピラミッドのなかでのチーム作業を楽しむ

あなたがピラミッドについて理解したあとは、いよいよ上司や先輩社員とのチームワークによる仕事がはじまります。ついにあなたも、チームの一員として働くのです。仕事の内容によっては、そこに他部門の人たちが入る場合もあり、あるいはお客様が入る場合もあります。

チームとして仕事をする際に気をつけることは、あなた1人ではなく全員で動いているという認識です。ここで独りよがりの行動をとってしまうと、信頼関係に大きくひびが入ります。ルールが守られない場合には、他の人にも迷惑をかけることになります。

チームの仕事は、それだけプレッシャーのかかる仕事でもあります。だからこそ、全体の動きを常に意識しなければなりません。

計画、ビジョン、条件はいうに及ばず、自分の役割、重要度なども意識しなくてはなりません。新入社員の場合、初めから重要度の高い、優先度の高い仕事を担当することはないと思いますが、それでも、チームの一員として最善の努力をすることに変わりはありません。

あなたはおそらく、自分にも重要度の高い仕事を任せてほしい。優先度の高い仕事を担当したい。そのような誘惑に、激しく駆られることと想像します。

そのような想いを抱くことは、社会人として成長するうえで、非常に大切なスタンスであるといえます。

とはいえ、ここでもあせりは禁物です。

まずはチームの一員として、与えられた仕事を誠実にやり切ること。どんな問題が起こっても、逃げることなく真摯に対応すること。ルールや約束は何があっても必ず守ること。この積み重ねがあなたへの信頼を高め、重要度や優先度の高い仕事へと導いてくれます。やはり、すべては信頼からはじまるということです。

念のために申し上げておくと、大きな集まりだけをチームと呼ぶわけではありません。

営業サポートなどの場合、先輩社員と2人でチームを組み、取引先を担当することもあります。先輩社員のサポートはもちろん、いつでもお客様を引き継げるよう業務全体を理解するとともに、お客様との信頼関係を築くことを忘れてはいけません。

どんなに小さな仕事にもチームがあり、すべての瞬間がチームワークなのです。

6 「飲みにケーション」（懇親会）の楽しみ方

働き方だけでなく「飲み方」も変わってきたけれど

以前はよく言われていた「飲みにケーション」。

ちなみに、仕事の関係者との意見交換をお酒の席で行うのはよくある話です。それでも、あえてこの言葉を使うケースとして、業務時間中に上司が部下となかなか話す機会や話題がない場合に、時間外でその機会をつくるといった場面が挙げられます。

ここでも、基本的にはその意味で「飲みにケーション」という言葉を用いています。したがって、仲間同士や同期と行く場合は、この言葉は当てはまらないものと考えています。

そんな上司や先輩社員とのお酒の席。

最近ではコロナ禍の影響もあって、かなり減っているのではないかと思います。Ｚｏｏｍなどを活用したオンライン飲み会なども開催されているようですが、少なくとも私の周りでは、リアルの楽しさからは程遠いと考える人が多く、すぐに下火になってしまいました。

社会の状況が落ち着きを取り戻し、規制が緩和されるのを心待ちにしながら、楽しいお酒の席に参加している自分を妄想しています（笑）。

リモート環境に慣れてくると、「飲み会に誘われなくてうれしい」「業務時間外まで上司や先輩に付き合わなくても済むのでよかった」、そんな声も聞かれてくるようになりました。お酒がなくても十分にコミュニケーションを図ることができる。たしかにそのとおりかもしれません。それでも、あえてここでは、「飲みにケーション」の意味と楽しみ方を考えてみたいと思います。

令和の「飲みにケーション」の楽しみ方

あえて飲み会を開くのには、もちろん理由があります。

その多くは誘う上司の側にあるとしても、少なくともあなたと日頃、ざっくばらんに話せないと感じていることは事実です。その責任がどちらの側にあるのかは、ここでは問題ではありません。

考えなければならないのは、そのままではチームワークに支障が出るということ。上司にとっては、円滑に仕事を進めていくうえで、あなたとのコミュニケーションが足りないわけです。そのことは事実として、しっかりと受け止める必要があるといえます。

さらにいうと、むしろ飲み会の誘いをチャンスと捉える。そして、社内コミュニケーション改善のよい機会を受け止めて積極的に参加する。お酒の席の数時間が、はるかに大きな仕事上のメリットに姿を変えて返ってくるかもしれないのです。それを実現できるかどうかはあなた次第です。

「飲みにケーション」の場で、どんなことを話せばよいのかわからない

そんな疑問も当然のように理解することができます。私から1つアドバイスを送るとすれば、た

とえば、その人の生い立ちや、社内での経験を引き出すことで、参考になる点を取り入れること。それらの情報は今後のその上司とのコミュニケーションにも必ず活きてきます。何より、自分の話に真剣に耳を傾けてくれる部下は、上司にとってはとても頼もしい存在であるといえます。

今はさすがに「俺の酒が飲めないのか？」とか「付き合いの悪い奴だ」などという先輩や上司は少ないと思います。それでも、お酒を飲めない体質なのに無理に誘われる、無理に飲めといわれる、そんな態度に遭遇した場合は、まったく受け入れる必要はありません。

飲めない体質であることを毅然と伝え、「代わりに美味しいものをいただきます」と宣言すれば大丈夫です。

私の新入社員時代には、正直なところ、先輩に付き合うことが多かったです。

何しろ5年ぶりに入社した待望の新人だったので、先輩方としても非常に喜んでくれていました。幸いにして飲みに行くだけでなくボーリングや麻雀など遊ぶことも教わり、さまざまな社会活動や注意事項を学んでいきました。とてもよい影響を受けました。

もちろん都合の悪いときにはお断りしましたし、それを根に持つ上司や先輩もいませんでした。本当に尊敬できる諸先輩方でした。私がこうしてみなさんにお伝えしている仕事の楽しみ方や働くよろこびの基本的なことは、入社してからはじめての転勤が決まるまでの5年間、お世話になった先輩方から習ったものなのです。

今でも本当に感謝しています。

【本章のまとめ】

入社式の後、組織人としてはじめての活動である研修から、
待望の初出勤。いよいよ働く日々がはじまりました。

初出勤の緊張感を楽しみながら、自分という人間を最大限に
アピールするチャンスである自己紹介の準備、ネタをいくつか
入れた自己紹介をパターン化することを意識しましょう。

配属後は、上司や先輩社員との信頼関係のつくり方など、
とにかく新入社員は忙しい。そんななかでも、先輩社員との
チーム作業を通じて、日本型ヒエラルキーへの対処を上手に
こなしていきましょう。

昭和の表現になってきてはいますが、「飲みにケーション」は
今でも効果的です。ポジティブな楽しみをぜひ、あなたにも
見つけていただきたいと願います。

第5章

とはいえ、仕事は厳しい

【本章でお伝えしたいこと】

❑ 新入社員とはいえ、あなたはすでに組織の一員です。
すでに会社の大きな看板を背負っています。組織を代表し、自覚ある行動が求められる立場にあるということです。

❑ トラブルに巻き込まれたときは、会社にもマイナスの影響を与えかねません。就業時間外であっても、自分の行動にはしっかりと責任を持ちましょう。

❑ 希望して入社した組織であり、仕事のプロフェッショナルを目指して、努力する。努力を怠ると簡単に落ちてゆくのが、組織の厳しいところです。決してあきらめずに自分の仕事を謙虚に誠実に行うことが大切です。

❑ 仕事の上での失敗、人間関係、そしてコンプライアンスへの対応方法なども、詳しくお伝えしていきます。

1　新人だからといって「いい訳」は通じない

「〇〇のあなた」になるということ

組織で働くということは、会社の看板を世間に掲げることを意味しています。
それはつまり、あなたの発言や行動のすべてにおいて、大きな責任が発生するということです。取引先へ営業に行くときも、遠方へ出張に出かけるときも、または、製品やサービスを購入される個人のお客様と相対するときにも、どこにも所属していない野口ではなく、〇〇会社、〇〇銀行、〇〇商店の野口になります。

あなたはそのようにして、会社を代表する１人になるわけです。

このことによって、あなたのすべての行動や言葉の選び方が、業務時間中であろうとなかろうと、世間の厳しい視線にさらされることになります。新入社員だからきっと世間も大目に見てくれる。そんな誤解をしている人がいたら、今すぐ認識を改めてください。

あなたが発するアウトプットは周りの人がしっかりとチェックしています。誰がどこで見ているかわかりません。もしもあなたに不適切な言動が見られたときは、組織にまで影響が及ぶことになります。最近話題になることの多いバイトテロを見ていればよくわかると思います。

これは私が実際に経験した事例です。

当時の勤務先に近い居酒屋を会社の人間がよく使っていました。あるとき、別の部署の飲み会が開催されたのですが、あまりにも大騒ぎしすぎたため、宴会部屋の壁や備品を壊してしまうという失態を犯しました。そのときの幹事と上司の対応もかなり悪かったようで、店主は私の会社全体に「出入り禁止」を宣言しました。おかげで私たちは、貴重な懇親の場を失うことになりました。

しかも、その情報は、居酒屋を訪れる他のお客にも知れ渡ってしまい、「酒癖の悪い会社」という非常にありがたくないレッテルを貼られることにもなりました。

このように、単に大騒ぎした社員が酔っ払いだったということではとうてい収まらず、私たちの会社全体が酔っ払いだったという話にまで拡大し、「出入り禁止」だけではなく悪評が広まるという大きなマイナスの影響が生じました。

看板を背負うとは、このような事態が起こり得るということを意味しています。

これ以外にも、若い社員が酔った勢いで取引先の悪口を大声でいいふらし、偶然それを耳にした別の取引先から、「そんな会社は信用できない」といって取引を打ち切られる。そのようなケースを聞かされることも決して少なくはありません。

本人はほんのストレス解消のつもりでも、周りにはまったく関係のないことです。新入社員でも状況はまったく同じで、組織に所属しているという自覚が何よりも大切になってきます。もちろん人助けをしたときなどは、会社のイメージアップにつながるという効果もあります。

社会に生きる一員として、困っている人がいたら助けるのは当然の振舞いです。はめられるからするのではなく、やるべきことだからする。それも組織人としての責任ある行動の１つです。

若い頃から自分を鍛え続ける

ここまで、社外での振舞いについてお伝えしてきましたが、新入社員に甘えが許されないのは、社内の仕事についても同じです。前向きな失敗であれば、許されるケースもあるかもしれません。それは企業風土によってもちがってきます。だからといって、いつまでも甘えてばかりではすぐに周りからの信頼を失ってしまいます。

社会人としてお給料をもらっている以上、あなたはプロフェッショナルの１人です。だからこそ、責任を持って仕事に取り組む義務があるのです。

こうした認識が足りていない自覚があるならば、今すぐ「お前はプロだと」自分に言い聞かせてください。これは本当に大切なことです。

あなたの甘えは周囲の先輩方にはすぐに見透かされてしまいます。それが信頼を失うまでに至らないように、自分を厳しく律してください。

私としては、そのような厳しさがあるからこそ、働くことの醍醐味がわかると考えています。厳しさを克服したときの達成感。１人前として認められたときのよろこび。このような気持ちを十分に味わうために、気概を持って仕事に立ち向かってください。

あなたの気概は、仕事に対する充実度や働くことのよろこびをこの上なく高めてくれます。

別の表現を用いるならば、あなたのモチベーションの源泉がそこにあるということです。気概のかけらもないまま、漫然と毎日を過ごすだけでは、モチベーションが高まることなどありません。

モチベーションとは誰かが持ってきてくれるものではなく、あなたが自分で見つけていくものです。その第一歩が、仕事に対する気概をしっかりと身につけることなのです。

常に自己研鑽を心掛ける

くり返しお伝えしたように、私は海外への引越しなども取り扱う物流会社にプログラマーとして入社し、その後、営業部門へと異動するのですが、コンピュータ・システムを理解できていたので、営業に出たときにその知識が非常に役立ちました。それが自分自身の優位性に他ならないと自覚し、思う存分使い倒しました。

お客様へ輸出入手続について説明するときにも、システムを駆使してわかりやすく案内した結果、営業成績はぐんぐん上がっていきました。

自分でいうのも何ですが、「システムのわかる営業」として世界に名を轟かせた時代でした。

その後は、システム要員として長期の海外勤務を経験します。

プロフェッショナルとして、その経験をたしかな強みにかえるべく、在任中にさまざまな資格を取得し、多くのことを学びました。その結果、帰国後は世界で唯一のグローバルＩＴを考えられる組織人として、定年までプロとしての働きを続けることになりました。

アメリカで取得した資格の中には、プロジェクト・マネジメント・プロフェッショナルという、米国プロジェクト・マネジメント協会が認定する国際資格があります。この資格はプロジェクトを行う際の専門家として認定されていることを意味していましたので、とても重宝しました。

さらに、通信制の大学院で経営情報学を学んだことも、多くの知識を吸収する点で役立ちました。常に自己研鑽を心がけることで、新たな向上心がわいてきました。そのようにして、どんどん新しいチャレンジに向かっていくことができました。

自己研鑽によって、絶対に人には真似できない自分だけの強みを身につけること

そうすることで、強みを活かした組織での活躍の場面が、確実に広がっていくことになります。あなたの会社人生は長く、そのような活躍の可能性にあふれています。

今のあなたに足りないのは仕事の経験とそれにもとづく専門性、さらにそれを発展させた自分だけの強みです。

だとすれば、常に前向きに向上心を持って、それをモチベーションに変えながら、どんどん新たなチャレンジをくり返していくこと以外にはありません。

その先には必ず、素晴らしい未来が開けていることでしょう。

グローバル化が進む現代では、プロとしての成長もまた、自己責任の部分が大きくなっています。自ら考え、挑戦し、未来を切り開いていく。それもまた１つの気概に他なりません。

2 「お金をもらう」ことの意味

あなたがもらうお金について理解する

あなたが自分の働きに応じて会社からもらうお金を賃金、報酬あるいは給料といいます。

労働基準法第11条では、「この法律で賃金とは、賃金、給料、手当、賞与その他の名称の如何を問わず、労働の対償として使用者が労働者に支払うすべてのものをいう」と定義されています。

「労働の対償」とは、労働契約にもとづいて支払われるお金のことですから、あなたが働くことを前提としています。「会社に行きさえすれば給料がもらえる」などといった冗談をよく耳にしますが、行った／行かないではなく、雇用契約にもとづき働くことで賃金は支払われるのです。

お金の話はどうしてもギスギスした感じがしてしまうのですが、とても大事なことです。

もちろんお金を適正に受け取ることも大事なのですが、ここで私がお伝えしたいのは、ドライに仕事＝お金と割り切るのはさびしいのではないかということ。どうせ同じ時間を働くのであれば、自分の満足できる仕事で、できるだけ質の高いアウトプットを目指すほうが気持ちよいのではないか。

たしかに、あなたの高いモチベーションは、そのまま給料には反映されないでしょう。とはいえ、そのような働き方を続けていれば、あなたに対する周囲の信頼感が高まり、それが評価につながり、中長期的にはお金となってあなたに返ってきます。

私はそんな働き方のほうが、はるかに素敵ではないのかと思っています。

自分の満足度や相手の満足度を第一に考えることで目的意識は大きくちがってきます。最初からお金を目的とした場合には、アウトプットの質に納得がいかなくても賃金自体は支払われるので、「これでもいいや」という妥協が生まれやすくなってしまいます。

他方、お金が目的でない場合は、どこまでもアウトプットの質＝仕事の結果にこだわり、常にレベルアップを心がけます。はじめは小さな差であったとしても、何年か先には取り返しがきかないほどの大きな差になります。

だからこそ私は、仕事にお金以外の価値を見出してほしいと思うのです。

働いてきた過去をふり返ってみる

私の仕事歴は、小学生時代のアルバイトにはじまります。

家庭がとても貧しかったので、小遣いは自分で稼ぐものだと、常に自分にいいきかせていました。その結果、小学5年生から新聞配達をはじめることになります。

毎日午前4時に起きて暗いなかを新聞配達所に行き、任された地域を配達して回ります。生来怖がりの私は暗い家に入っていくのがとても嫌でした。

冬の朝はなかなか明るくならないし、寒さも手伝って、毎日ブルブル震えながら新聞を配った記憶があります。小学生が新聞配達をするなんてあなたは想像できないでしょうが、昔はそれが珍しくはありませんでした。

そこで得たアルバイト料がうれしかったことはいうまでもありません。

大好きな洋楽のレコードとずっと欲しかったサッカー用品を買うことができました。自分自身が稼いだお金で欲しいものを買うよろこびを、小学生にして経験できたことは、今からふり返ると、非常にプラスの部分が大きいといえます。もちろん、さまざまな困難があったことも事実ですし、辞めたいと思ったことも一度や二度ではありません。それでも、かけがえのない経験でした。

その後はさまざまなアルバイトを経験してきました。

代々伝わる染め物屋、郵便局、牛乳配達、化粧品製造工場、ビルの清掃等々。すべての経験が、働くことでお金をもらうという意味を学ぶ最高の機会となり、今の自分の労働に対する考え方にも大きな影響を与えています。

そのなかでも染物屋での仕事はとても興味深いものでした。必死に行程を覚える様子を見ていたご主人から、冗談でしょうが「一人娘の婿養子に」との話が出たときにはびっくりしました。

働くことに誇りを持てないかぎり人間は弱い生き物だと思います。労働という支えがあるからこそ私たちは、人生をしっかりと歩んでいくことができるのです。そうでない場合には、安易な方向へと流れてしまいがちです。そのような人生によろこびは少ないと信じています。

だからこそ、仕事に生きがいを見出し、常に自己研鑽を重ね、自らを高める努力を続けることで、誇りとよろこびを持ってお金をいただく。そんな働き方ができるのではないでしょうか。

3　後工程はすべて「お客様」

自分の仕事を「工程」として捉える

世の中にあるすべての仕事には、入力と出力の双方があります。

つまり、仕事をするために必要な準備が「入力」としてインプットされ、それらによって仕事がはじまり、さまざまなプロセスを経由して「出力」がなされる。ときには製品としてでき上がり、ときにはサービスなどのソフトとして出力される。１つの出力が次の入力へとつながり、そうして新たな仕事がはじまることになります。

このように、私たちの仕事の結果＝出力は、別の誰かの入力になっています。

私たちの出力に問題があれば、次の工程での仕事がすべて、ダメになってしまうかもしれません。そのような事態だけは、何があっても避けなければなりません。

だからこそ、後工程はすべて「お客様」という意識で、品質にこだわっていく必要があります。物を製造する仕事だけではなく、社内で経理業務を行う人でも人事部や総務部のような仕事でも同じです。

常に後工程の仕事のために、自分の仕事をよい結果で終らせる努力が必要です。

今のあなたに、このような意識はあったでしょうか。

〔図表８　SCM(サプライチェーン・マネジメント)の仕組み〕

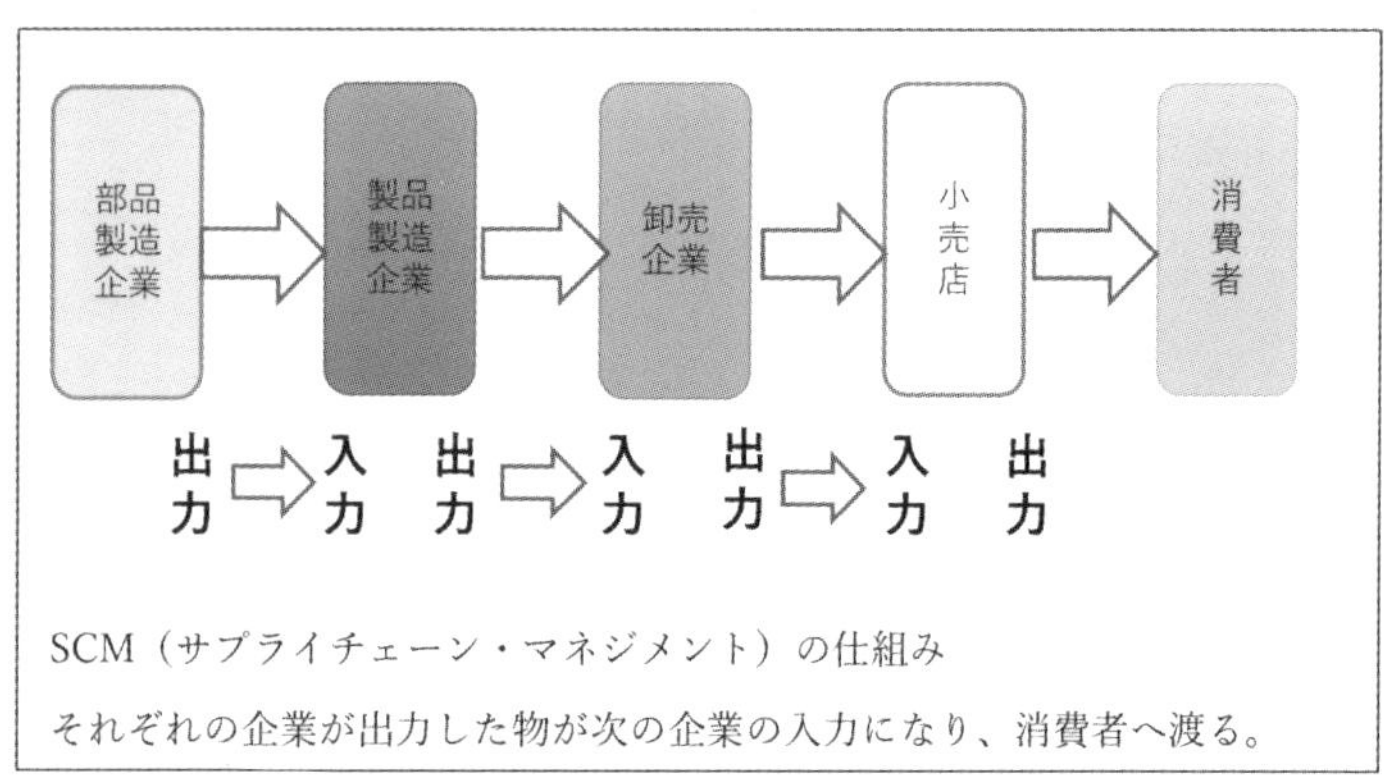

SCM（サプライチェーン・マネジメント）の仕組み
それぞれの企業が出力した物が次の企業の入力になり、消費者へ渡る。

あなたは、サプライチェーン・マネジメントという言葉を聞いたことがあるでしょうか？

さまざまな製品を製造から消費まで管理することをサプライチェーン・マネジメントといいます。これを仕事に当てはめると、部品の設計、製造にはじまり、工場での製品の製造、それを運ぶ物流の仕事、そして小売業で販売する仕事まですべての仕事がその製品を届けるためのチェーン（つながり）を持っています。

この場合には、すべての仕事が別の会社であっても高品質の製品をお客様へ届けるためにけ、部品工場の従業員も製品工場の従業員も、物流企業の運転手も、さらには小売店の販売員に至るまで、買っていただくお客様によい製品をお届けするという目的のために、誰もが動いています。このように自分の仕事の後工程はすべてお客様であるとの認識で仕事をすることが、よい製品を提供し、多くのお客様の満足度につながる働き方なのだといえます。

どのような「サプライ」をしていくのか

この考え方は、後工程を含めた全体最適につながりますので非常に重要であるといえます。最終消費者に商品やサービスを届ける場合には、しっくりくる人も多いかもしれません。ですが、先ほどもお伝えしたとおり、これは社内の後工程についても同様に当てはまります。

サプライチェーン・マネジメントの前提に立って、どのような「サプライ」をしていくのか。大切なのは、組織全体としての仕事の質を高めるという目的意識です。高品質のアウトプットをお客様へ届けるように、社内の人たちにも最高の結果を届けること。もちろん、社内だけではなく、仕事に関係するすべての人が当てはまります。

ある部門の利益だけを優先した結果、他の部門に大きなしわ寄せがいき、最終的な組織としての利益はむしろ低下してしまった。そんなケースを何度も耳にしてきました。こうした競争を社内でくり広げるのが好きな人たちもいますが、私はまったく共感することができません。

あるいは、細かな点にはなりますが、経費の申請などをいいかげんに済ませる人が多くいます。テレビのコマーシャルで、経理担当者の苦悩をシステムが解決する。そんな宣伝を目にしますが、かつて勤めていた会社でも似たような光景は随所に見られました。

今でもなお、そうしたケースが多いのだと思うと、少なからずショックを受けましたが、そこには間接部門で働く人たちをどこか下に見る意識が潜んでいるのかもしれません。まったく賛成できないことではありますが。

私自身も経費精算は面倒な仕事だと思っていましたが、それでも後工程の人のことを考えると、決してないがしろにはできませんでした。自分の部下にも、その点は徹底してきたつもりです。

誰かがきちんと対応すれば、そのあとに続く何人もの社員の時間と手間が節約されます。余計なストレスを与えることもなく、社内の風通しも非常によくなります。

やや余談にはなるのですが、間接部門を大切にしない会社はどうしても懐疑的な目で眺めてしまいます。同じ組織で働く仲間に優劣をつけるという発想が、私はどうしても好きになれません。

これもシステムと営業の双方を経験したからいえることかもしれませんが、どの仕事も会社には欠かせない大切な仕事であることを、私自身が身をもって体験してきたのだといえます。

だからこそ、個別の利益ではなく、組織全体としての利益が最高のものになること。そのことに、最大限の意識を向けていく必要があるのだと断言できます。

誰もが大切な仕事の仲間であり、そしてあなたの後に控えているのは大切な「お客様」に他ならないのです。

このような意識を持つことで、仕事の全体最適に向かって進んでいくことができます。

全体最適を実現するためには、サプライチェーン・マネジメントの仕組みをイメージしながら、常に後行程に対して最高の結果を、しっかりと届けていく必要があります。そうすることで日々の仕事は円滑に進み、組織のなかは明るい雰囲気に満ちていくはずです。

すべてが「お客様」。この認識を何よりも大切にしてください。

4　ミスはミスとして認める「潔さ」

ミスは誰にでも起こり得ること

仕事をしていくうえで、ミスから完全に逃れることはできません。

人間はまちがう生き物だという一般論はそのとおりとして、それだけ注意を払ったつもりでも、相手との意思疎通がうまくいかなかったり、予期せぬ不具合が生じてしまったりなど、さまざまなミスが生じることになります。

これは仕事をする以上、避けては通れない道です。甘んじて受け入れるしかありません。

もちろん、ミスをしていいとは口が裂けてもいえませんし、それはあなたの上司や先輩にしても同じだと思いますが、立場がそうさせているだけのことで、かつては多くのミスを向き合ってきた経験を持っているはずです。そして、ミスを克服してきたからこその今があるのです。

くどいようですが、ミスを克服するとは、ミスをなくすことではありません。

ミスの克服には2つの要素があって、1つには、ミスをミスとして認める「潔さ」を持つこと。

そしてもう1つは、起こしてしまったミスに対して確実にリカバリーを実施することです。

この2つがしっかりとできる人は、ミスの経験を信頼に変えることさえできるといえます。

もちろん、生じたミスの内容によって対処の方法は異なります。

それでも、すべてのケースに共通して大切なのは誠実さとスピードです。

まずは誠実さですが、自分のミスで起こった問題ならば、ミスを認めて原因究明よりもまずは謝罪することが大事です。たとえ、自分が直接手を動かしたものではなくても、迷惑をかけた相手にはしっかりと謝罪をする。

この対応ができるかどうかで、その後の印象が大きく変わります。お詫びの気持ちを心から伝える誠実さが、しっかりと相手の心に届くのです。

次にスピード感ですが、これがなぜ大切かというと、ミスに対処するうえでは、起きた時点から常に先手で処理することが、迷惑をかけた相手に安心感と信頼を与える結果につながるからです。

何を置いても最優先で対応している。そんな姿勢をしっかりと示さなければなりません。すべてが後手に回ってしまうと、焦りを呼んでミスがミスを生み、さらに事態を悪化させます。

そうなると、相手に誠意を届けるどころではありません。

ピンチをチャンスに変えていく

とはいえ、ミスに適切に対処することで、事態を好転させることも十分に可能です。

思わずミスを犯してしまったときは、潔く謝罪し、真摯誠実かつ速やかに対処する。

まさにこれこそが、トラブルシューティングの鉄則に他なりません。仮にあなた自身には落ち度がまったくなかったとしても、組織としてミスを犯してしまった事実に変わりはありません。それに相手に責任がないことも明らかです。だからこそ、真摯に謝罪をくり返し、速やかに回復を目指す。この姿勢を徹底的に貫くことが大切なのです。

真摯誠実、かつ速やかに対処しているあなたに対して、ミスしてしまった相手がよいイメージを持つことも少なからずあります。もちろん、好印象を得ようとして計算のうえで対応することには反対ですが、事態を好転させようとする気概には強く賛成します。

しっかりシューティングすれば、ミスを許していただき、引き続きお付き合いしてもらえることも十分に可能なのです。

そして、まさにこれが「ピンチ」を「チャンス」に変える対応なのです。

ミスを起こした場合のリカバリーで気をつけなければいけないことは、再発防止の観点が甘いと同じミスをふたたび起こしてしまう場合があるという点です。私も若いときに、同じプログラムでミスを連発するという大失態を犯した経験があります。

そのときは、この仕事には向いていないのではないかと真剣に悩むくらいの精神的なダメージを受けたことを鮮明に覚えております。

一度ならず、二度までも同じミスを起こすことは、完全に信頼を失う結果につながりますので、さらなるリカバリーや対策が必要になります。

だからこそ、再発防止をしっかりと意識しながら、一度で終わらせるための対策を何重にも重ねていってください。

5　成功も失敗もすべてが「学び」である

「失敗は成功の母」は本当のこと

仕事にミスはつきものであるとお伝えしました。

とはいえ、ミスは決して推奨されるものなどではなく、仕事とはどこまでも成功だけを目指して取り組んでいくべきものです。もちろん、「成功」には色々な考え方があります。多額の利益を得る、会社の知名度を上げる、自分の目標を達成し評価を上げる、お客様に最高の価値を届ける。本書をここまで読み進めていただいたあなたなら、どんな成功を目指すべきなのかは知っているはずです。日々の仕事を、あなたの「成功」のために真摯に続けていってください。

とはいえ、成功するためには何が必要なのか、そこはまだわからないことも多いでしょう。経験を重ねてきたベテランであれば、自らの成功法則を持っているかもしれません。あるいは、経験が少なくても、マニュアルや研修、ＯＪＴなどの場を活用して、何をすべきかを学習している人も多いかもしれません。

だとしても、仕事はある意味では、「未知との遭遇」の連続です（昔、同じ名前の映画があったと記憶しています）。同じ仕事でも、常に同じ状況がくり返されるわけではありませんし、はじめてのシチュエーションというものも当然に出てきます。

そのとき、あなたの頼りになるものとはいったい何でしょうか。

これは私の経験則ですが、はじめての場面で適切に判断していくとき、失敗の経験が活きてくる場合が非常に多いと感じています。もちろん、成功体験も多くのことを教えてくれます。それでも、失敗したときにはその理由を深く考えるのに対し、成功の際にはその要因を深く追究しない場合が多いといえます。その意味で、失敗とは明らかに「成功の母」になり得るものなのです。

とはいえ、失敗を失敗のまま放置していたのでは成功するはずもありません。

ミスには真摯誠実、速やかに対処することが必要でした。それは外に対する対応として、きわめて適切なものだといえます。そして、内面的には失敗の理由を深く追求すること。そこから得た多くの気づきが、あとになってあなたの糧となり、成功を支える礎となってくれるのです。

失敗を活かせるかどうかは「ふり返り」にかかっている

ミスへの対処においても、同じミスをくり返さないことが重要だとお伝えしました。

そのためには、なぜ今回のミスが生じたのか、原因を深く掘り下げ、負の影響を与えている要因をすべてピックアップし、可能なかぎりそれらを潰し込んでいくことが重要です。

このプロセスこそが、あなたにとっては大切な学びの機会になります。

ミスをふり返るのはつらいことかもしれませんが、明日の成功のためにはこのプロセスが欠かせません。

あるいは、トラブルシューティングを通じて気づくことも多いかもしれません。

リカバリーという作業は、ミスという1つの減少を外側から観察することにもつながるので、単に理由を考えているときよりも、多くを学べる可能性があります。もちろん、シューティングの真っただ中で学んでいる余裕などないと考える方も多いかもしれません。

それはそうなのですが、しかし、トラブルを外から眺める経験は、自分の仕事の結果を客観的に見つめることにもつながり、ふだんの業務時間のなかではなかなか得難い経験であるといって差し支えありません。

明確な形に整理するのは、リカバリーが落ちついてからでもかまいません。

あなたの失敗を1つの「教訓」としてふり返り、再発防止に向けた内省を行います。内省とは自分自身を深く見つめ直す作業のことをいいます。失敗を学びに変えていくためには、この作業が圧倒的に重要になってくるのです。

ここまでのことを整理すると、成功はもちろんのこと、むしろ失敗の経験の方が、あなたにとって貴重な学習機会となります。これをムダにしてしまうのは、本当にもったいないことだと思います。極端ないい方をすれば、マニュアルにはうまくやる方法ではなく、こうしたら失敗するという例を載せておけばよいといいたいくらいです。

仕事だけではなく、人生全般がそうなのかもしれませんが、失敗のほうが成功よりもはるかに深い学びの機会になります。すべての経験を、あなたの力に変えていきましょう。

6　人間関係などの悩みには「逃げ場」が必要

人間関係には摩擦がつきものと心得る

働きはじめるとまず感じるのは、会社には本当にさまざまな人がいるということです。くり返しお伝えしてきたように、近年は「多様性」の時代ともいわれています。しかしながら、私は思うのですが、何も私たちは最近になって急に「多様化」したわけではなく、太古の昔から、人類とは実に多様性に満ちた存在だったはずです。

それがなぜ最近になり多様性が話題になってくるのかというと、「一般的」とされてきた考え方の外にいる人たちや、「一般的」からは外れた考えを持つ人たちの存在に、しっかりと目が向けられる土壌が整ってきたからだと考えています。

時代の変化、特にＶＵＣＡ時代とも呼ばれる不確実性に満ちた社会への突入によって、１つの凝り固まった考え方だけではもうやっていけない。そんな想いを抱く人が増えてきたことも事実です。

いずれにせよ、こうした傾向は非常に好ましいことだと私は思っています。

とはいえ、多様性があるということは、あなたと考え方や趣味、嗜好、価値観、生き方、あるいは常識。それらすべてがどこかちがっている。そんな人がたくさんいることを意味しています。

つまり、多様性に満ちた組織においてはその分だけ、価値観や生き方、常識などがぶつかり合うおそれが増しているということでもあります。それを人間関係の「摩擦」と呼ぶこともできます。できれば他人との摩擦は避けたい。誰もがそう思います。私もそう考えています。

ですが、大切なのはこうした多様性への向き合い方です。

自分とは異なる考え方の人を、排除してしまうのか、それとも受け容れるのか。いうまでもなく、望ましいのは明らかに後者のスタンスです。自分とはちがう立場の人を排除することなく、許容し、同じゴールに向かって進んでいけるかどうかが勝負なのです。

同じゴールを目指すことができれば、人間関係は良好に保たれます。

人間関係は仕事を円滑に進めるうえで重要

とはいえ、考え方のちがいを解消するのは決して容易なことではありません。

その証拠に、私たちの社会から争いがなくなることはなく、ちょっとテレビをつけるだけでも、悲しい事件のニュースが毎日のように目に飛び込んできます。真相を知っているわけではないのであまり無責任なことはいえませんが、それでも、摩擦を解消する方法がどこかになかったのかと、疑問を抱かずにはいられません。

人間関係の摩擦は、大きなストレスの要因にもなります。

厚生労働省が発表している2019年の調査結果では、職場におけるストレス原因の第3位が、周囲のメンバーとの人間関係でした。30％以上もの人がストレスの原因としてあげており、いかに良好な人間関係を築くのが難しいかを実感させられます。

友人や仲間内でも家庭内でも、人が集まるところでは人間関係が生じます。人間関係において生じる摩擦を解消することは、私たちが仕事を円滑に進めていくうえで、今やもっとも重要で、もっとも困難な課題といえるかもしれません。

簡単に考え、必要なときは「逃げ場」へと駆け込む

そのような困難な課題とどのように向き合い、どのように摩擦を解消していくのか。

物理の時間を思い出すまでもなく、熱というものは大きなエネルギーを生み出します。そして、摩擦は熱を生み出し、考えようによっては、人間関係にとっての大きなエネルギーになり得るものと見ることもできます。少なくとも私は、この考え方を支持したいと思っています。

これまで私自身、多くの人間関係の摩擦を経験してきました。

もちろん、細かく見ればどこかに原因はあったのでしょうが、どちらが悪かったわけでもなく、相性の「合う／合わない」をはじめとして、さまざまなちがいによって摩擦が生じたという以外に、しっくりくる説明を見つけることができません。

いずれにせよ、私が意識したのはいかにしてその摩擦を解消するかです。

そして、意識的に解消に向けて取り組んだ結果、摩擦が起こる以前よりも、たしかな人間関係を構築できたと感じるケースが（すべてではありませんが）多くありました。

すべての人に敬意をもって接する

そのときに意識していたのが、難しい人間関係を簡単に考えることです。

現代社会では、自分自身で人間関係を難しいものにしている傾向があります。インターネットで簡単に知識を得られることも、理屈先行の考え方に拍車をかけているかもしれません。そのことは決してよい傾向だとも思っていません。

だからこそ余計に、「シンプルイズベスト」を主張したいと思うのです。

どんなに複雑に見える関係であれ、基本的には人と人の付き合いですので、相手のことを考える、理解するところからはじめるのがスタートです。

年齢や役職を意識せず、1人の人間として常に相手を敬うこと。

年齢や職位が下の人であっても、このことに変わりはありません。これも余談になりますが、職位が上＝人として偉いと誤解する人が少なくありません。ですが、職位が上というのは、もしも仕事でトラブルがあったときに、その責任を取るという以上の意味を持ちません。収入が多いのもすべてこうした理由からです。職位が上であることは、仕事ができることとはつながるでしょうが、人間的にすぐれていることの証明にはほとんどならないのです。

だからこそ、すべての人に敬意をもって接することが大切なのです。

相手の意見に同意はできなくても、その相手にしっかりと敬意を払うことができれば、信頼感を醸成することも決して不可能ではありません。摩擦を克服してエネルギーに変えていくとは、概ねこのことを意味しています。プライベートな関係以上に、仕事の場面では克服しやすいといえます。組織目標のような共通のゴールを通じて、摩擦を克服していく可能性が広がるからです。

敬意をしっかりと払うためには、冷静に自分の考えを述べて、相手の考えにも耳を傾ける。それで十分だと考えています。最近では「自己開示」ならびに「傾聴」と呼ばれたりもしますが、どちらも職場のコミュニケーションにとって重要な要素であるとされています。

あなたもぜひ、この2つの実践してみてください。

客観的な見方のできる人に助けを借りる

それでも摩擦が解消できない場合には、思い切って「逃げ場」を探してみましょう。

絶対に避けるべき最悪の事態とは、とことんまで対立する意見をぶつけ合い、それが感情論へと発展し、ついには人格否定にまで至ってしまう場合です。

あなたの周りには本当に多様な人がいるわけですから、どうしても上手くいかない、何をしても噛み合わない、そんな相手がいても決して不思議ではないのです。そんなときは上司に相談して、次善の策を一緒に考えてもらいましょう。決して1人では考え込まないでください。

大切なのは客観的な見方ができる人の助けを借りることです。それは決して恥ずかしいことでもありませんし、あなたの評価に関係することでもありません。職場内カウンセラーなども大きな助けになります。1人でできることは限られていますので、周りの人を活用しましょう。

7 「コンプライアンス」の大切さを理解する

コンプライアンスとは

組織において、今やコンプライアンスは最重要事項だと思ってください。

入社してすぐに説明があったと思いますが、コンプライアンスとは「法令遵守」のことです。

この「法令遵守」の意味について、日本では法律やルールを「守ること」だけが強調されていて、もう1つの「守れなかったときにすべきこと」はほとんど忘れられています。

本項ではまず、「守ること」の大切さについて見ていくことにします。

そのうえで、「守れなかったときにすべきこと」についても、理解の幅を広げていきます。どちらも非常に重要ですので、ここでしっかりと腹落ちさせてください。

「守ること」としてのコンプライアンスとは、最低限の約束事項といえます。社内のさまざまなルールや規則、関係する法律、あるいは、明文化されていない倫理や道徳などの社会的なルール。それらをしっかりと守りながら、業務を適正に進めていくことが強く求められています。

したがって、「マニュアルに書いていないからやってよい」、その行為が倫理観に反していれば、それは明らかにコンプライアンス違反であるといえます。法的には脱法行為は犯罪ではなくても、コンプライアンスの世界では脱法行為も確実にアウトの領域に属しています。

ルールを守らないのは最悪である

21世紀に入ってから、アメリカや日本で大企業の不正が相次ぎました。その頃からコンプライアンスが大きな問題となり、特に企業の「内部統制」の重要性が、声高に語られるようになりました、内部統制とは、自分たちで定めたルールをしっかりと守れているか、それを確認するための概念です。

ルールの守れている組織は内部統制が行き届いていると見なされ、そうでない組織は内部統制に問題がある、もしくはガバナンスが効いていないと判断されます。

大手企業が内部監査部やコンプライアンス部などの部署を設置したのもこのころです。さらには、毎年必ずコンプライアンス研修が実施され、企業としては最重要課題として取り組んでいる姿勢をしっかり示していかなければならないのが実情です。

このような状況をふまえ、あなたもしっかりと「法令遵守」に取り組む必要があります。

マニュアルや社内規則に書いてある事柄については、迷うリスクも少ないことでしょう。ですが、仕事で遭遇する問題のすべてについて、それらに答えが書いてあるわけではありません。そこで、あなたは激しく迷うことになるかもしれません。むしろ、そのような場面の方が多いといっても、決していいすぎではないかもしれません。

大切なのは、そうしたときのあなたの態度です。迷いをなかったことにする。そもそも迷わない。これらはどちらも、コンプライアンスの取り組みとしては最悪です。

迷ったときは、上司や先輩に尋ねる。会社のコンプライアンス部門に質問する。そうすることで、組織として適切な対応方針を定めることができます。私の経験では、社内の議論だけではどうしても判断がつかなかったときに、顧問弁護士に見解を求めて結論を出したこともあります。それだけの意義が、コンプライアンスの観点では認められるということです。

そして最後に頼りになるのが、あなた自身の良心であることはいうまでもありません。自分の親・兄弟姉妹・子供・友人、そんな大切な人たちがあなたの判断をどう思うか。その点を判断のポイントとして定めておけば、大きく誤ることはないといえるでしょう。

ルールを守れないときにどうするか

とはいえ、今でもたくさんの企業の不祥事が発生しています。

あなたもニュースなどで目にしたことがあると思いますが、多くの企業や省庁などでさまざまなコンプライアンス違反が行われ、その多くは明確な悪意もないままに実行されています。

業者との癒着や贈収賄などに発展するような高額の接待を受けるケースはわかりやすいですが、仕事の手間を減らすためにあえてルールアウトしたことが大きな不正につながる。これは主として、内部統制の観点で問題になるパターンですが、金銭的な損得は一切発生していません。

このようなケースでさえも、現代のコンプライアンスの観点からは厳格な対処が要求されるのです。

いったん不祥事と認定されてしまうと、報道番組で見るように関係者が記者会見を行い、さらに最高責任者が深々と頭を下げて謝罪することにもなりかねません。企業にとってはさまざまな点で大きなダメージとなります。

問題は、ルールを守れないときにどのように振舞うかという点です。

上司から法令違反を強要される。先輩から不正な取引に協力するよう求められる。人間関係上は断りにくい。それはよく理解できます。しかし、このようなルールを守れない人には、何があっても迎合してはいけません。加担した瞬間に、あなたも同罪です。躊躇することなく、社内に設置されたコンプライアンス窓口へと通報しましょう。

他方、よかれと思ってやったルールアウトについては、悩ましい部分が残ります。

これは理解のための極端な設定ですが、マニュアル通りに製造を続けたら、汚染物質をたくさん含んだ製品ができあがってしまう。それがわかっているのにルールを守ることは、道徳の観点から見た場合に、明らかに誤りであるといえます。

そのような場合には、守れなかった理由をしっかりと記録に残し、あとから説明できるようにすることが大切です。

コンプライアンス違反は、あなた自身はもちろんのこと、会社の仲間にも大きな犠牲を生じさせる大変なでき事です。会社自体の存続も危うくなります。あなたの家族や大切な人も悲しみます。

だからこそ、何があっても絶対にコンプライアンスを大切にしてください。

【本章のまとめ】

本章では、仕事の厳しさや、働くことに付随するさまざまな障害などをケースごとに説明しました。

新入社員といえども、組織で働くことにより、一人前として扱われますし、いつまでも「新入社員です」といういい訳は効かないものと考えてください。


私たちが「働く」ということは、遊びではなく仕事なのです。

報酬をいただいているわけで、厳しくて当たり前なのです。

それをいかに乗り越えるかが自身に課せられた課題です。


本章のなかでは判断ミス等で失敗をしたときの対処方法を説明してきました。

コンプライアンスの問題に関しては、この内容を必ず理解し、何かあったときには毅然とした態度で対処しましょう。

あなたの大切な人生です。それが台無しにならないように、コンプライアンスを最重要課題と捉えてください。

第6章

厳しさを乗り越えていくために

【本章でお伝えしたいこと】

- ❏ 働くことには厳しさが伴いますが、厳しければ厳しいほど、それを乗り越えたときのよろこびは格別なものとなります。

- ❏ あなたにも、必ず困難を乗り越える力があります。その力をどのように使ったらよいのか、どうやって伸ばしていくのか、その具体的な方法やテクニックをお伝えします。

- ❏ 特に本章では、前向きに考えることをおすすめしています。どんなな困難が立ちふさがっても、常に前向きでいることで必ず乗り越えることができます。そのためのアイデアを、しっかりとお伝えしていきます。

- ❏ 「自分にはできない」と考えるのではなく、「自分はできる」と考えることで解決への糸口がつかめます。どんなときでも、最後まであきらめない気持ちが必要です。

1　どんなときでも必ず味方はいる

あなたの周りに味方はたくさんいる

前章では、少々厳しい話をさせていただきました。

ですが、それらはどれも、働くあなたが身につけるべき基本的なスタンスなのです。そのうえで、本章ではその厳しさをいかにして乗り越えていくか、という点に踏み込んでいきます。しっかりとポイントを押さえることによって、困難は必ず克服することができます。まずはそのことを、心に十分とめておいてください。

最初にお伝えするのは、あなたの周りには味方がたくさんいるという事実です。まだ入社したばかりの自分に、そんなに多くの味方がいるはずはない。もしかしたら、あなたはそんな疑問を抱いたかもしれません。たしかに、現時点ではあなたのいうとおりかもしれません。それでも、これから味方になってくれる人は、あなたの周りに無限大にいるのです。あなたがそんな無限大の可能性を活かすことができれば、あなたの周りはたくさんの味方であふれるはずなのです。

ところで、あなたはこれまでの人生のなかでどれだけの人と関りを持ってきましたか？

何らかの関りを持った人の数を、具体的に表すことはできますか？

私もそうですが、これまでの人との関わりを数字で示すことなどできません。その理由は、何よりたくさんの人と出会い、別れ、今に至っているからです。家族、親戚、友人、アルバイト先の方々、そのなかには、今もあなたを支えてくれる人がたくさんいるかもしれません。これからのあなたは、さらにたくさんの人と出会うことになります。数えられないくらいたくさんです。それらの方々があなたの味方になってくれる可能性は大きく広がっています。

可能性を信じて現実に変えていくことが、これからのあなたに必要なことなのです。

GIVEを大切に、信頼関係を構築する

無限の可能性を現実へと変えていくためには、いったい何が必要でしょうか。

あなたとあなたの味方になってくれる人の間には、たしかな信頼関係が構築されているはずです。信頼関係を築き上げていくためには、自らを厳しく律し、自分と真摯に向き合い、常に自分を磨き、自分のことばかり考えるのではなく、どうしたら周りの人たちが幸福感を抱くのかを考えるなどして、相手に接していくことが必要です。

このような点に留意しながら適切に振る舞うことで、あなたの周りにはたくさんのファンが生まれることになります。

仕事の場面に当てはめていうならば、相手があなたの力やアイデアを必要としているときには、積極的にGIVEする姿勢が必要です。このとき、決してリターン＝見返りを求めてはいけません。

心からその相手を助けたい。その想いからしっかりとＧＩＶＥしていくのです。

一般にはＧＩＶＥ＆ＴＡＫＥと2つセットで語られますが、ＴＡＫＥ（あなたが得るもの）がまったくないという場合も十分に考えられます。それでもＧＩＶＥし続ける覚悟が必要なのです。特に20代の時期には、積極的にＧＩＶＥする姿勢が大切です。それがいつしか、ふとした瞬間に、実は多くのＴＡＫＥがあったという気づきにつながっていくのだと考えます。

自分の思いをしっかり持つ

何もしないで味方になってくれる人は、おそらく家族以外にはいません。

あなたの人との接し方、生き方、それがそのまま相手の信頼関係につながるのですから、毎日を真摯に生きていく以外に方法はありません。それでも、そんな生き方をしっかりと続けていれば、無限の可能性は必ずや現実へと変わっていくことでしょう。

だからこそ、自分から積極的に動いていきましょう。

ＧＩＶＥしてもらったから返すのではなく、相手が困っていれば自分からＧＩＶＥする。それが何より重要なのです。そんなあなたの行動を目にした人は、はじめは味方になるつもりがなくても、いつか自然とあなたのファンになっているはずです。自分の想いをしっかりと伝え、相手の言葉にもしっかりと耳を傾け、共感ポイントを見つけていく。そんな動き方が効果的です。

そのためには、自分の想いをしっかりと持つこと。まずはそこからはじめていきましょう。

2　ストレスと上手につき合う方法

ストレスがなくなることはないと心得る

前章でも説明しましたが、大事なテーマなのでさらに深く見ていくことにします。

私たちが生きているかぎり、ストレスは常につきまとってくるしつこい存在です。残念ながら、ストレスのない状態や社会というものはどこにも存在せず、いくらお金を支払っても解決はできず、甘んじてストレスのある状態を受け入れる以外にはありません。

とはいえ、ストレスは上手に操ること＝共生することが可能です。

ストレスが多いからといって、すべてをネガティブに捉える必要はありません。

ほとんどの人はストレスを悪と見なし毛嫌いしてしまうために、はじめから共生の可能性を閉ざしてしまっている。

私はそんな風に感じています。こうした認識を改めなければ、いつまでたってもあなたの気持ちは晴れることがありません。

ここでは、ストレスと共生する方法、あなたの働く毎日がさらに輝き、仕事に臨むあなたの心が常にワクワクしている。そんなつき合い方をお伝えしていきます。

参考になる点があれぜひとも取り入れてください。

〔図表9　ストレスの原因〕

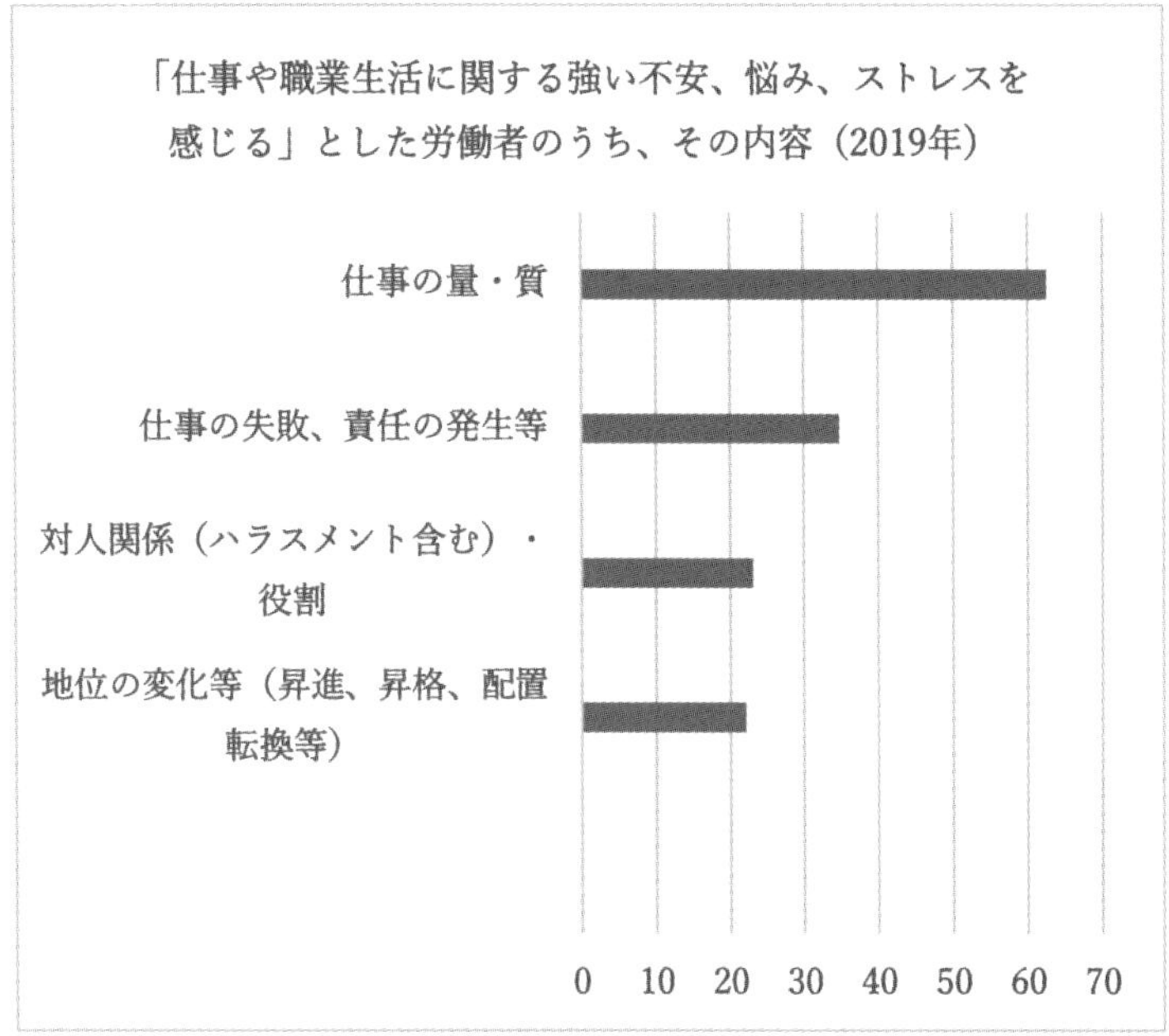

（資料出所）厚生労働省「平成 29 年労働安全衛生調査（実態調査）

（注）１．常用労働者 10 人以上を雇用する民営事業所で雇用されている常用労働者及び受け入れた派遣労働者を対象
２．主なもの ３つ以内の複数回答

ストレスの原因

２０１９年の厚生労働省の統計（仕事や職業生活における不安やストレスに関する事項」では、現在の仕事や職業生活に関する事柄が強いストレスの原因となっていると感じる労働者の割合は、何と58・３％にも上りました。働いている人の約６割がストレスを抱えていることになります（図表９）。

そのなかでも、特に強いストレス要因を見てみると「仕事の量・質」が62・６％ともっとも多く、次いで「仕事の失敗、責任の発生等」が34・８％、「対人関係（セクハラ、パワハラを含む）」が30・６％となっています。また、年齢層別で見てみると、「強いストレスを感じている割合」がもっとも高かった年齢層は、30歳～39歳の64・１％でした。

内容では、仕事の量・質でストレスを抱えている人が圧倒的に多いのがよくわかります。

ネガティブな要素が多いこの統計のなかで唯一救われたのが、ストレスを相談できる人の割合は91・８％で、そのなかでも上司・同僚の割合が77％もあったことです。

この値が下がらないことを、心から願っています。

ストレスと共生する方法

私たちはストレスと、どのように付き合っていけばよいのでしょうか？

ここで、あなたに1つお願いがあります。それは、今あなたが抱えている問題を「チャレンジ」や「挑戦」という言葉で呼ぶようにしてほしいということです。ちょっとしたことですが、問題を多く抱えていると考えるよりも、多くのチャレンジや挑戦の可能性があると考えた方が、心の持ち方ははるかに明るくなってきます。まずはこのように呼び方を変えるところから進めていきます。

次に、それらが本当に自分で解決できるものなのかを考えます。

あなたがそれだけ真摯に考え、行動しても変えることができない。残念ながら、そのような課題が存在することは事実です。その場合には思い切ってチャレンジリストから除く必要があります。

気候変動や環境汚染、政治改革などの社会問題。あるいは、会社の体制変革など、今のあなたの立場では着手することさえ難しい問題といえるでしょう（だからといって、これらの問題を完全に無視してよいということではないので、そこはご留意ください）。

そのうえで、あなた1人で解決できる問題なのかを考えます。

たくさんのチャレンジのなかでも、自分だけで解決できるのか、それでもチームメンバーの力が必要なのかを検討して、後者の場合には、積極的に他のメンバーに働きかけていきます。このとき、日頃の信頼関係がものをいうことになります。

基本的には、何でも自分1人で抱え込まないことが大切だと考えています。

上司や先輩、同僚の力を積極的に借りることによって、多くの問題は解決へと向かっていきます。

その代わり、あなたも自分の力を必要とされているときには、惜しみなくＧＩＶＥしてください。

そのようなやり取りを重ねることで、仕事の量・質の問題を克服することができます。

ストレスをうまく活用するための訓練

最後に残っているのは、ストレスを上手く活用するための訓練です。

たとえば、スポーツ選手は大変なストレスを感じながら試合に臨みます。しかしながら、彼らはそのストレスを、よい緊張感という質の高いパフォーマンスのために必要な要素と捉えています。ほどよい緊張感が、アウトプットの質を高めてくれるはたしかなことです。

私の場合も、原稿の締め切りがかなりのストレスになるのですが、目に見えて近づいてくると、ほどよい緊張感が自分をゾーンへと誘い、集中力や発想力が想像以上に出てくるときがあります。あるいは、セミナーや研修、講演の講師として登壇し、スピーチをはじめるときにはとてつもないストレスを感じます。スポーツ選手と同じほどよい緊張感というストレスですが、私もできるだけそれを楽しむよう心がけています。

その際に考えているのは、「今まで乗り越えてきたのだから必ずよい講演ができる」ということ。そして「この緊張感から解放されたときに、新たな自分、今よりも少しだけ高みに統括した自分に出会える」という想いも常に抱くようにしています。

このようにストレスをうまく活用することで、実力以上の仕事にも対応することができます。ストレスを悪と見なすのではなく、むしろ誇りに思い、ほどよい緊張感に変えていくこと。それが実現できたとき、あなたはストレスによって自分の実力を高めていく。そのための状況を、しっかりと整えたことになります。小さな成功体験が、大きなあなたをつくっていくのです。

3　ハラスメントには厳しく！

2つのハラスメントを理解する

組織で働いていると、さまざまな形でハラスメントと呼ばれる事態に遭遇します。最近は、相手の尊厳を乱暴な言葉などによって傷つけるモラルハラスメントと呼ばれるケースも、インターネット上のトラブルを中心に、大きな社会問題となっています。

ここでは、組織内で起こるハラスメントについて見ていくことにします。

ある定義によれば、ハラスメントの種類は36個もあるとされています。「○○ハラ」と呼ばれるケースがそんなにもたくさんあるというのは、正直にいって驚きです。

これら36個のなかでも、職場内で多いハラスメントとは、パワーハラスメント（パワハラ）とセクシャルハラスメント（セクハラ）の2つであるとされています。

主にわかりやすさの観点から、ここではこれら2つ以外の「○○ハラ」を、広くモラルハラスメントに該当すると定義します。

あなたがハラスメントの対象となったり、あるいは、周りの方がハラスメントを受けていたり、ハラスメントに該当する行為をしている場合には、見て見ぬふりや、我慢をしないことが重要です。無関心や我慢によって、問題がどんどん大きくなっていくからです。

「しない、させない、見過ごさない」を徹底するために

今の世の中は、ハラスメントを許さない風潮が強くなってきています。

それでも、古くからの日本社会の悪しき慣習によって、「泣き寝入り」をしているケースはとても多いのではないかと推測しています。上司の不正を内部通報したことによって、かえって通報者が不利益を被ってしまったというケースも少なからず存在します（それが明らか場合には、裁判等で回復することは十分に可能です）。

このような事態が完全になくなるまでには、さらに多くの時間や努力が必要になることでしょう。私たちがその努力をしっかりと重ねていくのです。何があっても、「しない、させない、見過ごさない」。これらを徹底していく必要があります。

あなたが不幸にしてハラスメントの対象になったなら、絶対に我慢をしないこと。

上司や先輩からのパワハラ、セクハラ、同僚からのモラハラ。あなたの職場にそれがないことを心から願っていますが、それでも悪い輩を完全に排除することはできないかもしれません。

いつもお世話になっている相手だから、多少のことには目をつぶろう。

そんなあなたの態度が相手の目には承認したものと映り、問題となる行為はどんどんエスカレートしていくことになります。

だからこそ、拒否する声や事実を証言する声を上げてください。

無理な要求には「不快である」とはっきり意思表示をしてください。

新入社員だからとか、転職で中途入社したばかりだからとか、あなたの立場が悪くなるなどとはまったく考えずに、嫌なものは嫌という意思表示をしてください。

自分１人で対処するのが難しい場合は、信頼できる上司や同僚に相談してください。あるいは、社内に設置されている通報窓口の利用も検討してください。

上場企業の多くは、人事部や総務部、コンプライアンス部に通報窓口を設置しています。社内にいたままでは話しにくい場合を考慮して、外部の弁護士事務所へ通じる連絡・相談窓口を設けているケースもあり、どちらの窓口でも、電話でもメールでも、もちろん匿名でも受け付ける仕組みができあがっています。

ケースによっては匿名というわけにはいかないかもしれませんが、通報者への害が及ばないように、十分な配慮をもって対応をしてもらえます。

本書の前半で見てきたように、今は日本でも「心理的安全性」を追求する時代です。職責や役職の力で従業員に無理な要求をし、理不尽な思いをさせる場合には、極めて重い処分を受けることになります。

あなたが将来上位の役職に就いたときは、絶対にハラスメントはしない。これから先の人生をよいものにするために、さらには、自分の所属する組織を多くの人から誇りに思ってもらえるものにするために、ハラスメントには厳しく対応していく必要があります。

勇気を持って、周囲の力を借りながら、厳正に対処していきましょう。

4　ポジティブであることのよろこび

ポジティブは最高の武器である

常に前向きに働くこと。これは最高の武器であると私は考えています。

仮に23歳から65歳までの43年間働くとすると、どのくらいの時間になるのでしょうか？

43年間×２５０日（平均年間労働日）×8時間（1日に働く時間）＝8万６０００時間。

こんな風に計算すると、あまり多くないと感じるかもしれません。

しかし、８万６０００時間をどのように使うかによって、あなたの人生は大きく変わることになります。

働いている時間にはつらく、厳しく、苦しいときもあるはずです。

ですが、長い目で見たとき、そのようなハードな時期は貴重な経験として教訓となる時間です。

苦しさを教訓へと変えていくことのできる武器。それこそが、どんな状況でも前向きに過ごすこと、常にポジティブな気持ちで仕事に臨むことに他なりません。

厳しい状況に陥ったときに、それを乗り越えればあなた確実に進化します。

ビジネスパーソンとして、一回りも二回りも大きくなることができます。

偉人たちの成長史などに目を通すと、ほとんどの人がたくさんの挫折や失敗といい厳しい時期を経験しています。それを乗り越えたからこそ、人生の成功を収めることができたのです。先ほど、ストレスについても同じようなことをお伝えしましたが、困難な状況を乗り越えた先には、過去の偉人たちと同じように、進化や成長といった新たな可能性が生まれるのです。

こんな風に考えると、何だか希望が湧いてきませんか？

小さな希望を積み重ねていくことができたなら、困難は確実に克服へと近づきます。この点も、ストレスとの共生と重なる部分が大きいといえます。

ハードな状況をネガティブに捉える必要はまったくありません。

厳しい状況をむしろ楽しむ余裕があれば最高です。あなたはどんどん仕事を理解していきますし、それが困難を克服する力になっていることは疑いありません。そこにさらに、ポジティブさという武器を加えていくのです。これを解決できるのは自分だけであるといった強い前向きな気持ちが、脱出を図るための大きなパワーになります。

ポジティブはよろこびにつながる

ポジティブであることは、あなたにやる気と充実感をもたらします。

目の前の仕事だけではなく、日々の生活にも、あなたの人生にも、よい影響を与えてくれます。悲観的な性格だと自己分析している方もいるかもしれません。ですが、ポジティブさという武器は誰もが身につけることのできるものです。

そのために、お金を払って投資をするなどの必要はありません。

目の前にある課題を、さまざまな角度からじっくりと眺め直すこと。角度を変えて、そのたびに、ゆっくりと時間をかけて、新たな発見を目指していくこと。ネガティブばかりと映っていた問題に、どんなに小さなものでも、ポジティブな要素を見出していくこと。

こうした訓練を重ねることで、誰もがポジティブさという武器を手にすることができます。

これは人間関係にもいえることで、どんなに嫌いな人のなかにも、その人の美点が存在します。それを見つけることができれば、あなたの印象も大きく変わっていきます。それを仕事の問題にもしっかりと応用していけばよいのです。

ちなみに、私の性格も超が付くほどポジティブです。

前向きであるがゆえに、世の中は楽しいものだと思っています。

もちろん、多少は傷ついたり、落ち込んだりすることもあります。しかしそのような期間はきわめて短く済んでいると思います。

人生の時間が限られている私たちには、できるかぎり有益な人生を、確実に歩んでいく。そのための努力や訓練が必要だと考えています。

何事も努力なくして達成することはできません。

ネガティブに考えている時間は本当にもったいない。

今この瞬間から、ポジティブに生きるよう心がけていきましょう。

5　世の中は意外と「何とかなる」

「大丈夫、必ずうまくいきますよ」

アメリカでの勤務時代、仕事で落ち込んでいると現地のスタッフによくいわれました。

「Take it easy!」。

「どんなに考えてもダメなときはダメ」「もっと気楽にいってみよう」「何とかなるさ」、そのような意味に受け取ることができました。そして、非常に多くの場面で、この言葉に救われてきました。

今も辛いときや苦しいときには、心のなかでこの言葉を呟き、乗り切っています。

だからといって、アメリカ人はいい加減な人たちではまったくありません。

日本人にはない高い論理性を発揮してシビアに問題を分析し、ハードなディスカッションを重ね、的確に解決策を導き出していきます。日本の議論にありがちな「何となくそんな感じで」的な要素はいっさいなく、私自身はそのような緻密さから学ぶべきところが多くありました。

そのうえでの「大丈夫、必ずうまく行きますよ。だから前を向いて進みましょう」なのです。

このような気持ちで厳しい仕事や苦しい状況に対応することで、その状況が好転してくるのです。

そして実際に、そのとおり何とかなっていきます。アメリカ人が「何とかなる」と断言できるのは、そう考えることによって「何とかする」からなのです。

日本の社会では、「何とかなる」と断言しない代わりに、「頑張ります」を多用します。

私は常々思っているのですが、頑張ってもそれが成果に結びつかなければ、ビジネスにとっては何もなかったのと同じことになってしまいます。もちろん、努力する姿勢は評価に値するものです。

それでも、お客様や社会にプラスの価値を提供するという仕事の目的にとって、「頑張ります」とは、必要条件ではあっても十分条件には決してならないということです。

少し話はそれましたが、この点は非常に重要であると考えています。

「何とかなる」を「何とかする」に変えるために

なぜアメリカの人たちは、「何とかする」を実現することができるのでしょうか？

それは気持ちの持ちようで問題の見え方や仕事のやり方が変わってくるからです。ポジティブに考えることの大切さについては前項でお伝えしたとおりです。

さらに、ポジティブな状態の人は、自然とアウトプットの質が高まってくることが、心理学の研究でも明らかになっています。

「何とかなる」と考えることによって、心に余裕が生まれ、ポジティブな状態へと至ることができ、その結果、仕事の効率が上がり、「何とかする」が実現できるということです。ケースによっては、難題からひらりと身をかわす方法も見えてくるかもしれません。

心の余裕は多様な見方を可能にし、だからこそさまざまなアイデアが生まれ、それを試してみようという勇気も生まれます。

そこまでくれば、厳しい状況からの脱出はもう目の前です。どんどん力が沸いてきます。あとはこの波にうまく乗って、「何とかしてしまう」だけだといって差し支えありません。

日本にも古くから、「言霊（ことだま）」という考え方があります。

言葉には魂が宿っていて、その言葉を口にすると言葉に込められた思いが実現する。いいかえれば、「考えて口にしたことは実現する」という意味になります。「自分は絶対に成功する」という人は、その分だけ成功に近づいていることになります。他方、「自分は何をやってもダメだ」という人は、自分でどんどん状況を悪くしているということです。

こういうと、あなたにも思い当たるところがあるのではないでしょうか。

また、日本には「開き直る」という言葉もあります。

厳しい状況のときにはジタバタせずに、覚悟を決めて、堂々とした態度で臨むことをいいます。「煮るなり焼くなりしてくれ」という態度は「ふてくされる」と呼ばれますが、「開き直る」には、最善の努力をしたあとは運を天に任せるといったニュアンスが含まれています。

いずれの場合も、実際に「何とかなる」という点ですべて共通しています。

「Take it easy!」「言霊」「開き直る」、すべてに共通しているのは、言葉を口にすることであなたにある種の力が生まれるということ。一種の自己暗示が行われるということです。

だからこそ、常にたくさんのポジティブな言葉を口にしていくことが重要なのです。

6　1人で悩むよりみんなで悩む

1人では超えられない壁も力を合わせれば超えられる

あなたが任された仕事には、必ず責任がついてきます。

責任とは、仕事の品質、予算、計画などを求められているとおりに完結させることです。

しかしながら、これからの時代は、決められた仕事を決められたとおりに終わらせるだけでは、必ずしもお客様の満足を得られなくなっていくと考えてまちがいありません。超情報化社会になり、お客様には選択肢の数が飛躍的に増えました。その分だけ、満足へと至るハードルが上がっている。そのように理解することができます。

そのことは同時に、あなたの仕事の悩みが増えることを意味しています。しかも、悩みの質は、これまで以上に複雑なものとなり、解決へと至る道のりは難しさを増していきます。

すべては自分の責任だからと、1から10まで1人で考え、悩みに悩み抜いて解決策を見いだす。それも1つの素晴らしい方法であることは事実ですが、スピードも要求される今の時代において、タイミングを逸したことそれ自体が、お客様の満足度を大きく引き下げることになります。

だからこそ、1人で悩むよりも多くの人の知恵を借りること。

そうすることで早期に解決策を見出し、質の面でもスピードの面でもお客様の期待に十分な形で応えていくことができるようになるのです。

人の力を借りずに１人でやりたいと思う人は、私の経験では技術職に非常に多く、プライドが悪いほうに作用しているといえます。その結果、１人で抱えすぎて悩みが生まれ、悩みすぎることで心の病にまで至ってしまうケースも少なくありません。ＩＴ関連の方に心の病の発症率が高いのも、それが原因であると考えてまちがいありません。真面目すぎて応用がきかないからと自分ですべてやり切ることを正解にしてしまい、他の方法が目に入らなくなっているのです。

心の病は、家族、チーム、そして所属している組織にも大きな影響を与えます。

くり返しになりますが、仕事場から心の病をなくすことが、私の最終的な目標です。

声を大にしていいますが、周りの力は積極的に利用しましょう。そんなにも自分を責める必要はありません。

１人では超えられない壁も、みんなで力を合わせれば必ず超えることができます。そして、仕事において大切なのは、１人でやり切ることなどでは決してなく、最終的にしっかりと壁を乗り越えていくことなのです。このことを、あなたの心に刻み込んでください。

多くの視点で考えることで、さまざまな選択肢が生まれ、その分だけ解決へと近づいていきます。

私もＩＴの仕事をしていたころ、多くの仲間にアドバイスをもらい、乗り越えることができました。私の職場は、「心理的安全性」が高く、そのような環境にも救われたということができます。自分の力には限界があります。しかし、力を合わせることで限界を超えていくことができるのです。

壁を越えた先には別世界が開ける

前半にもお伝えしたとおり、私は12歳からサッカーをはじめ、指導者の時代も含めると50年間サッカーとつき合ってきました。組織を運営するテクニック、マネジメントに対する考え方なども、サッカーを通じて検証したり、学習したりしてきました。

本項のテーマである「みんなで悩む」とは、まさにサッカーでも多く議論される課題です。試合でなかなか突破口が見いだせないときには、フィールドにいるプレイヤー11人だけではなく、ベンチのメンバーも含めた全員で解決策を考え、それを実行するという場面を多く見てきました。

1人のプレイヤーが考えても考えつかないチーム力が発揮される瞬間です。

そのような力が発揮されれば、かなりの確率で試合に勝利することができます。

このことは、仕事についても確実に当てはまります。

どんな難題が目の前に降りかかってきても、担当であるあなたが1人で背負い込むのではなく、職場のメンバー全員で解決に臨んでいきます。

それぞれにちがった角度からアイデアを出し合い、それぞれの可能性について議論し、役割分担を見直し、実行へと移していきます。

このような対応することによって、あなたにはちがった世界が開けてきます。

今まで思いつくことのなかったアイデア、解決に至るまでの選択肢の数々、解決策の進め方など、すべてが新たな知識となり、経験となっていきます。それを自分の力へと変えることができたなら、あなたは1人のビジネスパーソンとして、非常に大きな成長を果たしたといえるでしょう。

立ちはだかる壁を楽しみながら挑戦しよう

あなたの長い人生でどれだけの壁が立ちはだかるかはわかりません。

しかしながら、壁とは明らかに、あなたがよい人生をおくるための、成長のための糧なのです。

壁のない人生はつまらない。そう断言しても差し支えありません。最初は乗り越えるのが大変でも、いざ壁の前にやってきたときには、どのように乗り越えるかを考えることがよろこびに変わります。新たな経験を積み重ねることによって、自分自身が確実に成長できるからです。

とてつもなく高い壁。想像以上に厚い壁。ひとつ登れたと思ったらまた次の壁。

たくさんの壁があなたの挑戦意欲をかき立てます。仕事だけではなく、身の周りの出来事にも、たくさんの壁が出現します。何があっても、壁をクリアすることをあきらめないでください。

そして新たな課題にチャレンジするときには、自分の能力を最大限に行使し、想像力をフルに発揮して、ときにはチームの力を借りながら、クリアしていくことを考えてください。

壁を乗り越えたあとには、今までに見たことのない景色が広がっています。

まるで別世界に入ったような気分がします。

あなたが壁を克服し、成長した証であるとともに、それが次の壁への入り口になります。楽しみながら、挑戦をくり返していきましょう。

7　ときにはドローンのように俯瞰してみよう

人生は迷路

遊園地などにある巨大迷路をご存じでしょうか？

複雑に入り組んだ道を出口に向かって進んでいくゲームです。日本の遊園地にも多く見られます。背丈よりも高い壁やひまわりに囲まれ、自分が今どこにいるのか、どちらへ行けば出口があるのか、何度も同じ道を行ったり来たりしてしまいます。この迷路に入っていつも感じるのは、人生にとてもよく似ているということです。

「人生は迷路だ」とよくいわれます。

特に難題にぶつかったときに、どちらへ行けば出口があるのか、行き止まりなのか、あるいは、気がついたら振り出しに戻っている。そんなことも少なくありません。この迷路から、どうすればスムーズに脱出できるのか。そのためには、上空から迷路の形を観察するのが一番です。

迷路全体を見渡せることで、どこをどのように通ったら出口にたどりつくのかが手に取るようにわかります。実際の迷路では上に行く手段がありませんが、近い将来、手の平サイズのドローンが開発された際には、ポケットから取り出してスマホで操作し、まるで自分が上から見ているような映像を映し出すことができるでしょう。もっとも、迷路自体の楽しみはなくなってしまいますが。

仕事で起こった窮地からの脱出

ここでお伝えしたいのは、仕事上での窮地の脱出方法です。
あなたが課題や壁にぶつかったとき、さらに、大きな渦のなかに巻き込まれてしまったときには、迷路を上空から眺めるドローンの視点を意識して、全体を俯瞰（上空から全体を眺めること）することをおすすめします。

前職の時代に、私は定期的に部下との個別面談を実施していました。

33人のマネジャーたちと、７年にわたり、月に一度の個別面談でお互いに好きなことを話し、情報や課題認識を共有してきました。７年で約３０００回の面談を実施したことで、社員の状況や業務の進み具合、実際に生じている問題などをタイムリーに把握することができました。さらには、解決策なども一緒に考えることで、組織の全体像を知るにはとてもよい方法でした。

もちろん、部下にとってもネガティブな時間ではなく、ポジティブな気持ちで臨むことができる待ち遠しい時間になっていたことも成功の要因です。当時の部下たちには本当に支えられましたし、今でも感謝の気持ちでいっぱいです。

全体像を把握できることで、どこに問題の本質があるのか、どんな点が組織の強み／弱みなのか、それらを正確に把握することができます。

このときに活きてくるのが日頃からの信頼関係に他ならず、コミュニケーションを最大限に図りながら、情報収集に努めていくことが可能となります。

【本章のまとめ】

働くということは、厳しいことの連続です。しかし、誰でもその厳しさを乗り越えることができます。

本章では、さまざまな厳しさを乗り越える方法を、できるだけ詳しくお伝えしてきました。特に、仕事の量や質、人間関係がもたらすストレスをいかに克服するかは重要な問題です。
本章の内容をもとに、うまくストレスと付き合っていく方法を身につけていきましょう。

あなたはどんなときも、決してひとりではありません。
一緒に働く人たちと信頼関係を構築し、共感しながら仕事を進めることで、厳しさを乗り越えていくのです。そのことは、あなた自身の成長にも大きく寄与することになります。

第7章

働くことが人生だ！

【本章でお伝えしたいこと】

- ❏ 「働くことが人生だ」。これから働く人、すでに働いている人、誰もが楽しく働いてほしい。そのために大切なポイントを、わかりやすくお伝えしていきます。

- ❏ 家族や周りの人達とも幸せを分かち合いたいのであれば、まずは自分が楽しく、幸せでいなければなりません。AI が私たちの働き方を大きく変えるとしても、人間にしかできない仕事は必ず残ります。大切なのは、AI としっかり共生して、生み出す価値を最大化するという視点です。

- ❏ AI のディープラーニング能力は、人間にも備わっています。人間の尊い学習する能力を養い、さらに向上させること。その可能性は無限大であり、私たちには多くのチャレンジの可能性が与えられています。
そのためにも、楽しく生きることが一番なのです！

1　何より、自分自身が楽しいこと

前向きな仕事を続けていくためには

いよいよ本書も最後の章を迎えました。

ここまで、働くとはどういうことか。どのような点に留意すべきか。どんな厳しさがあるのか。それでもポジティブな気持ちで働くにはどうしたらよいか。あるいは、ストレスなどの環境要因とどうやってうまくつき合っていくのか。それらの点について言及してきました。

本章では、今一度基本に立ち返り、働くことの意味を再確認していきます。

何よりあなたの心に置いてほしいのは「自分は楽しいか」という問いかけです。

長く同じ組織に勤めていると、「本当にこのままでよいのだろうか」と疑問を持つことがあります。そのような疑問を抱く背景には、「仕事が面白くない」「人間関係が苦しい」「伸び悩んでいる」等のネガティブな心情があるといえます。

だからこそ、常に「自分は楽しいか」と問いかけることで、今ある状況のなかに1つでも多くの、ポジティブな要素を見つけてほしいのです。

1つでも前向きな要素を見つけることができれば、まだまだ仕事を続けていくことが可能です。

また、見つからなければ終わりではなく、どうしたら楽しくなるかを考えるきっかけにします。

基本は今の職場で楽しさを見出すこと

楽しくなる、またはポジティブになる方法を考えることで、状況は改善する可能性があります。それを続けてもどうしてもダメな場合は、環境そのものを変えるという選択肢もあるといえます。今の部署からの異動を希望したり、それでもダメなら転職であったり、といった具合です。

もちろん、むやみに転職を進めるわけではありません。

いくら働き方が自由になってきたとはいえ、転職というのは大きな決断であり、またそれだけの十分な準備も必要になってきます。

基本はやはり今の職場で楽しさを見いだしていくことにあります。それをとことんまで突き詰めてから、次のステップを判断していくべきだと考えています。

私は、入社10年目のとき「グローバルな仕事がしたい」と異動の希望を出しました。

その結果、海外赴任を命じられることにつながり、人生が大きく変わるきっかけになりました。そのとき抱いていたのは、自分の仕事に対する不満などのネガティブな感情ではなく、もっと楽しく働きたい、もっと自分を成長させたいというポジティブな気持ちでした。

あなたもきっと、「自分を楽しくする」という気持ちを持ち続けることで、チャレンジへの意欲が生まれ、それを実践し、積み重ねていくことができます。つまり、自分の可能性に賭けることで、その後の人生が大きく変わっていくことになります。

今この瞬間から、自らに問いかけてください。あなたは今「楽しいですか?」。

2　自分が楽しいからこそ、周りを「らく（楽）」にできる

「楽しい」はいくつもの好循環を生み出す

自分は今、楽しく働くことができている。

そんな気持ちになることができれば、あなたは仕事に対する誇りと自信を抱き始めたといえます。そうなればアウトプットの質がさらに高まり、お客様や周囲のメンバーに提供できる価値も格段にアップすることになります。

このように、あなたの感じるよろこびは、仕事の成果に大きな影響を与えます。

イヤイヤこなしているだけの仕事に成果を期待することなどできません。先にお伝えしたように、成果とは、プラスの価値を生む結果のことです。

仕事によろこびを感じ、誇りと自信を抱きながら、日々工夫を重ねることによって、あなたの仕事にプラスの価値が生まれていきます。あなたはさらに仕事に愛着を感じ、さらに質の高い成果を期待することができます。

このような好循環が生まれるからこそ、私は楽しさやよろこびに、とことんまでこだわります。

前項で「自分は楽しいか」という問いかけを大切にしたのは、まさにこの理由からなのです。

あなたの心にも「楽しい」の大切さがしみわたったでしょうか。

さらにこの好循環は、あなただけにとどまることがありません。

あなたが楽しく働いている姿は、周りのメンバーを楽しい気持ちにすることができます。すると、周りのメンバーのアウトプットの質も自然と高まっていくことになります。

もちろん、仕事自体の価値も、プラスの部分がどんどん増えていきます。同じ職場を離れて、後工程で働く人たちにも、あなたの楽しさ、そしてそれが生み出す仕事の価値は、しっかりと伝わっていきます。

そうなれば後工程の人たちもポジティブな気持ちで働くことができ、さらにプラスの価値が高まります。

このような好循環は、部署を超えて部門全体へ、部門を超えて会社全体へ、そして、究極的には、会社を超えて、お客様や社会にも広く伝わっていくことになるのです。

ネガティブな気持ちを抱えたままでは、このようなよいサイクルは絶対に生まれません。

仕事にはミスが増え、やり直しやリカバリーに時間を要し、どんどんネガティブさが強くなり、先ほどとは正反対の悪循環へと突入します。

そんな働き方だけは、何があってもしたくないですよね。

「らく（楽）」にすることを焦らない

だからといって、あまりに焦りすぎることは禁物です。

これは仕事以外にも当てはまることですが、焦りを抱えたまま物事を進めてしまうと、どうしても注意力が散漫になり、ケアレスミスなどが増えてしまいます。ミスが楽しさを奪ってしまうことは、先ほど見てきたとおりです。

また、成果を求めすぎることもまた、避けなければなりません。

自分はこんなに頑張っているのに成果が出ない。どうして成果に結びつかないのか。周りの人はどうして楽しく働いてくれないのだろうか。

そんな風に落ち込んでいるあなたは、楽しい気持ちからはかけ離れた状態です。

そんなあなたに成果を生み出すことはできないですし、それを見ていて楽しい気持ちになる人も、ほとんどいないといって差し支えありません。自分だけが頑張っている。そんな風に思った瞬間に、あなたは悪循環への一歩を踏み出したことになります。

だからこそ、成果を追い求めるのではなく、今この瞬間を楽しく働く。そのことだけに意識を向けるべきなのです。

仕事の成果、周囲のメンバーとの信頼関係、お客様に提供する価値。

これらのものに、確実にプラスアルファを生み出すためには、あなたの仕事そのものを楽しむ。それ以外に方法はないとさえ考えています。くり返しお伝えしているように、仕事を楽しんでいるあなたは周りの人を楽しい気持ちにします。周りのメンバーの仕事を楽（らく）にします。

ぜひともこうしたスパイラスを生み出す原動力になってください。

3　出世にこだわるか、よい仕事にこだわるか

出世にこだわらない＝出世はあとからついてくる

働くあなたにとって、出世というのは決して無視することのできない問題です。

自分が意識しなくても、同期があなたよりも早く出世すれば、それを話のネタにするメンバーも少なくはありません。私自身は出世を気にするタイプだったので偉そうなことはいえないのですが、それでも周囲の視線には痛いものをよく感じていました。

出世とは、人の上に立つことです（実は、私自身はこうした表現があまり好きではないのですが、それでも上の職位に就くということは部下を持つことにつながりますので、ここではやむを得ず、この表現を使わせていただくことにします）。そして、組織に所属していると、人の上に立つことが魅力的に見える瞬間があります。

日本的な表現ではありますが、一般には「管理職」と呼ばれる立場に魅力を感じる。

自分が預かるチームを統率し、適切な方向へと導き、組織目標の達成に向けて、メンバー全員をしっかりと動機づけていく。それが管理職の主な業務になります。私自身はこの動機づけこそが、管理職にとってもっとも大切な業務であると考えています。

組織の階段を上がっていくことを出世と呼んで差し支えないならば、管理職に登用されることは

出世のための第一歩であるといえます。そして、出世することはとても大切なことだと考えます。経験を重ねたあなたのスキルは、職場のなかでも最高のレベルに達しています。

そんなあなたが、組織のなかでの影響力をさらに高めていくためには、能力に見合った立場が必要となります。周囲に自慢したり、見せつけたりするために出世するのではなく、あなたの高い価値をしっかりと提供し、周りのメンバーを「らく（楽）」にするためにこそ、出世が必要となるわけです。

会社に入って長く働く覚悟があるのであれば、ぜひとも出世の階段を駆け上がってください。管理職というレベルにとどまることなく、部長や役員、さらには社長を目指して、あなたの力を可能なかぎり高めていっていただきたいと思っています。

とはいえ、それを目的にしてしまうことだけは、絶対に避けていただきたいのです。

前項では、仕事の成果ばかり追い求めてしまうと、かえって焦りや不満が生まれることになり、成果を生み出すどころか、どんどん結果が悪くなる＝悪循環に陥ることを理解しました。この点は、出世を目的とした働きにも同じように当てはまるといえます。出世を目的にしてしまうと、自分の満足よりも、上司にウケがよいか、または単に数字だけを追い求めてしまう、そのような働き方に、意識のほとんどが向いてしまうことになります。

あなた自身が大切にしてきた「はた（傍）」を「らく（楽）」。するから、大きく遠ざかってしまう結果につながるのだといえます。

よい仕事にこだわる＝出世はあとからついてくる

だからこそ、あなたには出世にこだわる＝出世を仕事の目的とする働き方ではなく、仕事の成果、周囲のメンバーのよろこび、お客様や社会に対して提供する価値、あなた自身の満足、それだけを目的として働くことを大切にしてほしいのです。

よい仕事にこだわっていれば、評価は必ずあとからついてきます。

たとえ今の上司があなたを評価しなくても、あなたの望んだスピードでの昇進が叶わなくても、どこかで誰かがあなたのことを必ず見てくれています。

出世とはマラソンのようなものであって、レース序盤でトップに立った人が、ゴールテープを最初に切る保証はどこにもありません。

途中で体を壊してしまう。管理職としての働き方には適していない。

そんな事情によって、管理職以降で出世の順番が入れ替わることもまったく珍しくはありません。

大切なのは、あなた自身のペースを大切にすること。

そして、あなた自身のペースを大切にするとは、先にもお伝えしたように、あなた自身の楽しさ、よろこび、ポジティブな気持ちを大切にすることに他なりません。

とことんまで、あなた自身にとっての「よい仕事」にこだわっていただきたいと思います。

そのことが必ず、あなた自身のよろこびにつながる出世へと導いてくれるはずです。

ところで、「管理職としての働き方には適していない」人がいると書きました。

これは経験的にまちがいないところであり、管理職に求められる働き方は、それまでのあなたに求められてきた働き方とは大きく異なっています。

管理職の大切な業務とは、「メンバーをしっかりと動機づける」ところにあるとお伝えしたように、部下のモチベーションを高める、そのための指導育成。ときには叱咤激励しながら、「自分がやる」を「部下にさせる」へと変えていく。そんな業務が圧倒的に多くを占めることになります。

さらにそこに、部下の評価という非常に重要な役割が加わることになります。

その部下の生活や将来にまでも影響を与える、ときとして厳しい判断も必要とされる、大切な仕事です。

管理職が多くの報酬を手にするのは、このような厳しい役割に身をさらすからなのです。

このような厳しさから、管理職への登用を望まない若者が増えてきました。

それよりは、自分の満足する仕事だけを追いかけていたい。そんな考えの人が多くなってきているのです。

私自身は、それは非常に嘆かわしい事態だと考えています。

たしかに、評価や管理といった仕事はハードなものです。

それでも、管理職に求められる役割を適切に果たすことができたなら、あなたが関与することで提供できるトータルの価値は、それまでに比べて格段に広がることになります。その点をぜひ意識していただきたいと思っています。

4　周囲の人に与えるか、周囲から奪い続けるか

成功の秘訣は自分から与えることができる人であること

前章で、ＧＩＶＥ＆ＴＡＫＥの大切さに触れました。

解釈はさまざまありますが、本来は「両方に利益がある対等な取引」を指していたとされます。しかし、２０１３年にアダム・グラント氏が著したビジネス書『ＧＩＶＥ＆ＴＡＫＥ：「与える人」こそ成功する時代』を参考にするならば、ビジネスの世界においては、テイカー（受け取る人）よりも評価も収入も高いことが示されています。

この指摘は、非常に示唆に富んでいると私は考えています。

米国カリフォルニア州にあるシリコンバレーといえば、あなたもご存知のとおり、ＩＴ系またはデジタル系のベンチャー企業にとっての聖地として有名です。

多くの意欲と能力にあふれる若者たちが、自分たちの夢やロマンに賛同してくれる投資会社から資金を調達して起業し、そのいくつかは世界的な超有名企業へと成長しています。あなたがいつも使っているパソコンやスマートフォンのソフトウェア、それに関連するサービスなどはほとんどがこの場所で生まれているのです。

そのシリコンバレーでは、成功を収めるには、まずは自分からＧＩＶＥできる人であることが、

何よりも重要であるといわれています。「TAKEばかり求める人間はシリコンバレーでは絶対に成功しない」、そんな話を友人から何度も聞かされました。

周りの人に対して、自分ができることを惜しみなく提供すること。しかし、見返りはいっさい求めないこと。お互いがお互いに対してこれをくり返すことによって、全員の手にするプラスの価値がどんどん大きくなっていきます。

まさにこの点こそが、成功の秘訣なのだといって差し支えありません。

与え続ける人生にこそ幸はある

ビジネスは常に「GIVE & TAKE」だからといって、TAKEばかりを求めるのは最悪の態度であると考えてください。また、GIVEしたとしてもすべてに見返りを求めていると、むしろあなたはテイカーと見なされてしまいます。テイカーが成功からほど遠い位置に立っていることは、先ほどのグラント氏の指摘のとおりです。

仕事の成果と同じように、あるいは、出世と同じように、自分にできることを誠実にGIVEしていると、必ずTAKEのフェーズがやってきます。それはあなたのGIVEに対するリターンが、成果や報酬、地位として返ってくることを意味しています。

だからこそ、ここでも、目の前の仕事を楽しみ、提供することによろこびを見いだす。そのスタンスが非常に重要になってくるわけです。与え続ける人生にこそ幸はある。それはまちがいありません。

5　ＡＩとの共生がこれからの働き方

ＡＩが人間を超えるとき

ＡＩ（人工知能）が人間を超えるとされるシンギュラリティ（Singularity）は、２０４５年ごろには訪れるとされています。日本語では「技術的特異点」と訳されますが、ＡＩが自ら知識を獲得し、それを蓄積し、それらにもとづき判断し、さらに学習を重ねていく。このような自己学習を経て、やがては人類に取って代わると考えるのが、２０４５年のシンギュラリティです。

それが実際に起こってしまうと、今ある職業の実に45％はＡＩに置き換わるといった可能性も取りざたされています。そのような話を耳にすると、かなり現実的な感覚が襲ってきます。

とはいえ、私たち人類の知能も現状にとどまっているわけではなく、今もなお進化を続けており、それはこれからも同じです。つまり、私たちの可能性も無限大ということです。

ＡＩは支援を行うにとどまる

米国ではＧＡＦＡやＩＢＭなどが中心となって、ＡＩを産業で活用する研究を、２０１０年から積極的に行ってきました。医療、金融、ＩＴサービス、それらの分野では人工知能がもはや必須の条件になりつつあります。医療分野ではＡＩがドクターのサポートツールとして定着しています。

たとえば、以前はドクターの知識や経験、医学書の記述などから診断していたものが、ＡＩによるサポートシステムでは、同じ症例、それらの治療方法、手術方法、投薬履歴、関連する論文、画像、あらゆる情報を世界中のデータベースから抽出してきます。

そのうえで、ドクターが最終判断を下すという仕組みが構築されています。

このように、ＡＩが最終判断をするのではなく、あくまで判断主体は人間であるドクターであり、ＡＩはその支援を行うにとどまっています。しかし、ＡＩのおかげで、ドクターが下す判断の質は以前と比較して確実に向上しています。こうしたWIN-WINが成り立つとき、人間とＡＩとの共生がしっかりと実現できているように私は思うのです。

このような共生を目指していくことが、これからの私たちの理想になっていくと考えます。

変化をポジティブに捉える姿勢

深層学習（ディープラーニング）という言葉が周知されてきているように、使えば使う分だけ、ＡＩは自己学習を重ねていきます。そして情報が増えれば増えるほど、情報のアップデートなどもさらに円滑に進んでいくことになります。大切なのはこうした変化をポジティブに捉える姿勢です。仕事がなくなることをおそれるのではなく、変化の波に乗り、それに適した働き方を、よろこびを、しっかりと見つけていきたい。

こんな年齢の私でも、そんなことを常に自分に言い聞かせています。

6　能力の可能性はいくつもある

2つの能力（Capacity）について理解する

私たちはいったい、働くためにどれだけの能力を使っているのでしょうか？

この点を議論する前に、そもそも私たち人間にはどのような能力があるのかを考えるところからはじめていきたいと思います。

ここであなたに意識してもらいたいのは、人間が有する能力には、潜在的な能力（Capacity）と積み上げ能力（Capability）の2つがあるということです。

あなたには、あなたにもともと備わっている能力と、ＡＩの箇所で見てきたディープラーニング（深層学習）と呼ばれる学習能力の2つが備わっています。この2つの能力を組み合わせることが大切なのです。前者の能力に後者が加わることにより、1つの能力がさらなる能力を生んでいく。そんな好循環が形成されていきます。だからこそ、私たち人間の持っている能力は無限大であると理解することができるのです。こんな風に考えると、とてもワクワクしてきませんか。

このような能力は誰にでも使えるわけですから、使わないのは本当にもったいないといえます。

しかし、すでにお気づきかもしれませんが、誰にでも得意分野と不得意分野があります。

すべての能力が身につくのは理想ですが、残念ながら私たちは未だ進化の途上にあって、それを実現することは不可能な状況に置かれています。したがって、現実的なところでは、自分が興味や関心を抱いている分野、生きるために必要な分野、または、将来の仕事に生かすための分野などを選別しながら、少しずつ能力の範囲を広げていくことになります。

私の好きな書に、『一生勉強、一生青春』という相田みつをさんの作品があります。

彼は常々こういっていたそうです。「年をとって困ることは、身体が固くなるばかりでなくて、頭が固くなること、心が固くなることです。心が固くなると、感動、感激がなくなります。一生青春を保つためには、心のやわらかさを保つこと。そのためには、具体的に何かに打ち込んでいくことだと思います」。とても素晴らしい考えであり、よい言葉だと思っています。

生きているかぎりにおいて、常に何かに打ち込んでいる。常に何かを学んでいる。そのことが、心や体の健康を保ち、充実した人生を過ごすための秘訣です。青春の気持ちを持って生きることができるのも、私たちに向上心があるからなのです。年齢とともに衰えると思われている脳細胞も、何歳になっても増やすことができるという研究結果さえ出ているのです。そんな特性を生かして、常に何かに取り組んでいくことで、一生自分自身を成長させることができるのです。

脳の可能性も無限大である

私の知人で、米国ハーバード大学医学部神経学科の教員でもある勝見祐太先生によると、加齢に伴う脳細胞の機能低下は、生活習慣等を見直すことである程度遅らせることができます。

例えば、週に3回ウォーキングなどの有酸素運動を行う高齢者は、そうでない高齢者に比べて、海馬と呼ばれる脳の部分の体積が大きいことがわかっています。この海馬は、私たちが何か新しい物事を覚えたり、昔の出来事を思い出したりする「エピソード記憶」に深く関与しており、かつ、加齢による萎縮が最も顕著に見られる脳の領域でもあります。

さらに、近年の脳科学研究では、脳は年齢に関わらず、常に変化をし続ける臓器だということがわかっています。これを専門用語で神経可塑性（かそせい）といい、脳の中では常に周りの環境に応じて、脳細胞の活動や細胞同士の結合に関する取捨選択が行われています。つまり、日頃から色々な刺激を受け、不慣れな課題や仕事にも臆することなく取り組むことで、何歳になっても脳の健康を維持することは可能であると考えられます。

また、勝見先生は「スーパー高齢者」という、高齢者であるにも関わらず、その記憶力が若者と変わらない人たちを対象にした研究も行っています。そんな彼がいうには、「これまでの研究では、スーパー高齢者は一般の高齢者に比べて、脳の特定の領域における萎縮が少なく、その活動もより活発であることが明らかになりました。こういった研究がもっと進めば、若いうちから老後の脳の健康と記憶力を維持するために行うべきことがわかり、また、認知症などの神経変性疾患を事前に防ぐことも可能になるかもしれません」とのことです。

人間の脳が持っている能力を向上させる可能性はまだまだあるということが、多くの研究により明らかにされつつあります。今後の成果に期待したいところです。

7　しかし、人生は一度しかない貴重な経験である

「一生」とは一度しかない人生のことである

能力の話が脳の力の話に脱線してしまったので、ここで人生の話に戻したいと思います。

私たち人間は、この世に生を受けたその瞬間から、１歩１歩自己が消滅するという死に向かって進んでいます。全人類が、誰ひとりとして例外なく、平等にこの道を歩んでいくのです。しかも、歩むスピードにも大きなちがいはありません。多少の成長の早い／遅いはあったとしても、わずか３年で70歳になる人も、70年かけて３歳にしかならない人も、どちらも存在しない以上、成長のスピードは基本的に、誤差の範囲に収まると考えて差し支えありません。

ただし、最後の瞬間だけは、人によって迎えるタイミングが大きく異なります。

それこそが「人の一生」であるのですが、すべての人が、それぞれに異なる1回かぎりの人生を送るからこその「一生」であると考えれば、腑に落ちるところも多いといえます。またそのことが、人間という存在の不思議さを引き立ててもいるのかもしれません。

さらに「人の一生」は、それをどのように活かしたかでも大きくちがってきます。

死の間際になって「もっとよい人生にしておけばよかった」と後悔しても「時すでに遅し」です。そんなことにだけはなりたくないと、私は本当に強く思っています。

多くの方は、死というものが身近に迫ってきたとき、「もっと人生を楽しんでおけばよかった」と後悔の念に駆られるとのことです。

会社に入ってから出世するためだけに死に物狂いで働いてきて、1日も会社を休まないことを誇りに、家族との時間も遊びも趣味も、すべて犠牲にして働いた結果、見事に出世を果たした人。そんな人でも、死の予感の前では「もっと楽しんでおけばよかった」とつぶやいてしまう。そこに私は、人間の持つ業のようなものを感じずにはいられません。

もしかしたら私も、ここまで日頃から意識していたとしても、いざ死を目の前にすると、彼らを同じことを考えるのかもしれません。そう考えると何だか、怖いような気もしてきます。

一生をかけて楽しむことが一番

あなたにとって死とは、まだまだ実感のわかない未来の話であると思います。そんな先のことを引き合いに出されたとしても、リアルに何かを思い浮かべることは、おそらく難しい作業なのではないかとおも考えます。

だとしても、ここで声を大にしていいます。人生は楽しむことが一番です。

人生は一度しかないのですから、最後に後悔することだけは避けたい。どれだけそう思っても、最後の瞬間には「もっと人生を楽しんでおけばよかった」と思う人が多くいる。だとするならば、相当程度に意識して楽しんでいかなければ、後悔の確率は非常に高まることになります。

「そんな理屈っぽいことをいっていたら楽しめないじゃないか」。

そのご指摘は甘んじて受け入れるほかありません。

私たちにできるのは、毎日が楽しいかを自分に問いかけること。それを継続すること。すべての出来事によろこびを見出していくこと。何事もポジティブに考えること。せいぜいそれくらいです。だからこそ、これらのことを徹底してやり抜く。未来とか死とか後悔とかそんな先にことは忘れて、人生の今この瞬間を、ただひたすらに楽しんでやる。そんな気持ちで毎日を送ることが、私たちには大切なのではないでしょうか。ハードな状況や苦しみ、悩みさえもがよろこびの種になります。

私たちが生きていること。そのこと自体がとても素晴らしく、素敵な出来事なのです。

すべては私たちの心の持ち方次第です。

どんなに激しい浮き沈みもいつかは必ず落ち着きます。どんな失敗もいつか必ず取り返すことができます。わからないのは落ち着く瞬間や取り返せる時期だけで、しかし、それがわかっていたら、裏側に数字の書いてあるトランプでババ抜きをするようなものです。

今日よりも明日を、さらによい１日にする。そんな生き方を目指していきましょう。

すべての方が、今よりも、少しでも、１歩ずつ、毎日幸せへと近づいていくこと。

それを心から願って、本書を結ぶことにいたします。ここまでお読みいただき感謝いたします。

みなさん、本当にありがとうございました！

【本章のまとめ】

「働くことが人生だ」

本章では、私たちの人生の時間をもっとも多く費やす仕事が、いかに幸せなものであるべきか。

働く時間を楽しくすごし、自分の成長のために使うということ。さらに周りの人のしあわせのために働くこと。それを続けていくことによって、素晴らしい循環が生まれます。


人に決められた人生には何の意味もありません。

あなただけの大切な一生を、徹底的に楽しみ抜き、たくさんのよろこびを見出していくには、あなたが心から満足できる、「はた(傍)らく(楽)」を実現する必要があります。


一度きりの人生。何より楽しむのが一番です。

あなただけの「はたらく」が幸せに満ちたものになることを、心から祈念しております。

おわりに

「働くことは楽しい」。

大げさにいえば、そのことだけをお伝えするために、本書を執筆しました。

読み終えた今の感想はいかがでしょうか?

楽しく働くヒントを、多少なりとも感じ取っていただけたでしょうか?

どんなに面倒に見える仕事でも、そこによろこびを見出し、真摯に取り組み、毎日を充実させ、日々成長を重ねていくことで、人生は必ず楽しいものになります。

生きている時間のおよそ半分は働くわけですから、楽しく働くことは究極のよろこび、もしくは最高の幸せにつながります。嫌な気分で過ごす1日も、充実して過ごす1日も、あなたの周りには同じだけの時間が流れています。この時間の流れだけは誰にとっても平等です。時間の法則だけは誰にも変えることができません。

せっかくですから、楽しい時間に変えていくことをおすすめします。

本書を読み、実践し習慣化することでこれから社会に出るための自信につなげてほしいのです。学生生活から社会に出ていくことで不安や心配が緊張を生みます。あなたの緊張を和らげることができればうれしいです。

「人生はなるようにしかならない」。

「いくら準備しても今は楽しく働くことなどできやしない」。

そんな風に否定的に考えていたあなたも、本書を読むことによって、前向きな考えや生き方を理解していただけたなら本当にありがたく思います。

前向きに生きることは何よりあなた次第です。

あなたの気持ちが変わることで周りの人や周りの環境も前向きに変わっていくことになります。

あなたが笑顔で楽しく過ごしはじめると周りも笑顔になります。

そんな好循環を、あなたが起点となって生み出していってください。

大切なのは、実際に何かをはじめる、何かを変えてみることです。

あなたが動き出すことで、今までのあなたには見えなかった景色や知らなかった世界が無限大に広がっていきます。それによって、あなたの意識もどんどん深まっていきます。

常にＧＩＶＥする姿勢を示し、多くの方々に貢献していってください。

あなたの真摯な取り組みが、多くの人たちの幸せを生み出していきます。

変化の激しい現代においても、幸せのあり方は常に変わりません。あなたの幸せを追求すること。

それが誰かの幸せにつながること。そのつながりを大きくしていくこと。それだけです。

最後に、本書を出版する機会を与えていただいたセルバ出版の森社長、そして、企画の段階から相談に乗っていただき、ときに厳しく叱咤激励していただいた株式会社アレルドの細谷知司社長、そしていつも背中を押してくれる時間管理専門家でエグゼクティブ・パートナーの石川和男さん。

2人には感謝の言葉しかありません。本当にありがとうございます。

直接口には出さないものの、常に気にしていてくれた妻や娘たち。いつも笑顔で励ましてくれた多くの友人や仲間たちにも、心から感謝しています。そして何よりも、最後までお読みいただいた読者のみなさまには、最大級の謝辞をお送りいたします。本当にありがとうございます。

時間は止まりません。今この瞬間も流れていきます。

だからこそ、今すぐ動きはじめましょう。今すぐ、誰かの幸せに尽くしていきましょう。

あなたが素晴らしい仕事人生を送れるように、心からエールを送っています。

2021年7月

野口 雄志

著者略歴

野口　雄志（のぐち　ゆうし）

1953年2月　東京都文京区生まれ。

グリットコンサルティング合同会社 代表。

株式会社グリッターフレンズ　代表取締役。

流通経済大学客員講師。

元日本通運株式会社 常務理事IT推進部長（CIO）。

大企業を定年退職して7年。自ら起業しコンサルティング会社を2社経営。とにかく元気で楽しく仕事をし、世界中を飛び回り、遊びも存分に楽しんでいる。そんな姿が周りの多くの人達から賛同を得ている。

現在は、企業の各種コンサルティング、社外取締役、顧問などのアドバイザー、海外視察コーディネーター、大学の講師、企業主催のセミナー講師などを務める傍ら、所属する複数のコミュニティを通じて、自分の生き方を広く伝える活動も積極的に行っている。

【著 書】
2018年『定年後の人生を黄金期にする方法』(KKロングセラーズ)
2019年『最強の定年後～後悔しないための極意～』(KKロングセラーズ)

働くことは人生だ!　君たちはどう「はたらく」か？

～ＡＩ時代の「働き方」トランスフォーメーション～

2021年8月18日 初版発行　　2022年4月18日 第2刷発行

著　者　野口　雄志　© Yushi Noguchi
発行人　森　　忠順
発行所　株式会社 セルバ出版
〒113-0034
東京都文京区湯島1丁目12番6号 高関ビル5B
☎ 03 (5812) 1178　　FAX 03 (5812) 1188
https://seluba.co.jp/
発　売　株式会社 三省堂書店／創英社
〒101-0051
東京都千代田区神田神保町1丁目1番地
☎ 03 (3291) 2295　　FAX 03 (3292) 7687

印刷・製本　株式会社 丸井工文社

Printed in JAPAN
ISBN978-4-86367-683-1